PROFILEUSE

Une femme sur la trace des serial killers

DU MÊME AUTEUR

SÉRIE B *(avec Pascal Mérigeau)*, Edilig, 1983.
ROGER CORMAN, Filmo, 1983.
TERENCE FISHER, Filmo, 1984.
RICHARD FLEISCHER, Filmo, 1986.
FREDRIC BROWN, LE RÊVEUR LUNATIQUE, Encrage, 1988.
JACK L'ÉVENTREUR, Fleuve noir, 1992.
LE CANNIBALE DE MILWAUKEE, Fleuve Noir, 1993 & Méréal, 1999.
L'ÉTRANGLEUR DE BOSTON, Fleuve Noir, 1993 & Méréal, 1998.
FEMMES TUEUSES, Fleuve Noir, 1994.
L'ALMANACH DU CRIME ET DES FAITS DIVERS, Méréal, 1997.
LE LIVRE ROUGE DE JACK L'ÉVENTREUR, Grasset, 1998.
LE VAMPIRE DE DÜSSELDORF, Méréal, 1998.
L'OGRE DE SANTA CRUZ, Méréal, 1998.
LE MONSTRE DE ROCHESTER, Méréal, 1999.
LA MAIN DE LA MORT – HENRY LEE LUCAS & OTTIS TOOLE, Méréal, 1999.
100 ANS DE SERIAL KILLERS, Méréal, 1999.
STÉPHANE BOURGOIN PRÉSENTE 12 SERIAL KILLERS, Manitoba/Les Belles Lettres, 2000.
LE NOUVEL ALMANACH DU CRIME ET DES FAITS DIVERS, Edite, 2001.
13 NOUVEAUX SERIAL KILLERS, Manitoba/Les Belles Lettres, 2001.
MICKI PISTORIUS, UNE FEMME SUR LA TRACE DES SERIAL KILLERS, Éditions 1, 2000.
LES SERIAL KILLERS SONT PARMI NOUS, Albin Michel, 2003.
SERIAL KILLERS – ENQUÊTE SUR LES TUEURS EN SÉRIE. Nouvelle édition augmentée : Grasset, 2003.
CRIMES CANNIBALES *(avec Isabelle Longuet, sous le pseudonyme d'Etienne Jallieu)*, Editions Scènes de crimes, 2004.
LE LIVRE NOIR DES SERIAL KILLERS, GRASSET, 2004.
SERIAL KILLERS – LES NOUVEAUX MONSTRES *(sous le pseudonyme d'Etienne Jallieu)*, Editions Scènes de crimes, 2005.
L'ANNÉE DU CRIME *(avec Isabelle Longuet, sous le pseudonyme d'Etienne Jallieu)*, Editions Scènes de crimes, 2006.
L'ALMANACH DU CRIME & DES FAITS DIVERS – SANG POUR SANG NOUVEAU avec un DVD gratuit : « Paroles de serial killers », Editions Edite, 2006.
LE DAHLIA NOIR – AUTOPSIE D'UN CRIME DE 1947 À JAMES ELLROY *(avec Jean-Pierre Deloux et François Guérif)*, Editions Edite, 2006.
INFANTICIDES *(avec Isabelle Longuet, sous le pseudonyme d'Etienne Jallieu)*, Editions Scènes de crimes, 2007.

Site de l'auteur : www.au-troisieme-oeil.com

STÉPHANE BOURGOIN

PROFILEUSE

Une femme sur la trace des serial killers

BERNARD GRASSET
PARIS

Avertissement

Ce livre a été publié pour la première fois en 2000 aux Editions 1 sous le titre de *Micki Pistorius – Une femme sur la trace des serial killers*. La présente édition, qui a été actualisée, reprend le texte original, auquel ont été ajoutés deux chapitres inédits consacrés aux tueurs en série David Selepe et Moses Sithole. Le chapitre « Le cannibale se met à table » bénéficie aussi d'une augmentation de texte, avec la publication intégrale des confessions du serial killer Stewart Wilken.

ISBN 978-2-246-70251-1

Ce livre est dédié à la mémoire de Vincent Durtette,
cofondateur de l'association Victimes en séries (ViES).

CHAPITRE PREMIER

Le vent noir

La chaleur est étouffante en cette fin février. C'est l'été en Afrique du Sud. La petite bourgade de Piet Retief, dans la province du Mpumalanga, près de la frontière avec le Swaziland, a du mal à émerger de la torpeur de cet après-midi. Dans la rue principale, Church Street, longue de quatre cents mètres à peine, quelques rares promeneurs se hasardent chez les commerçants, plus à la recherche d'une ombre bienfaisante que d'un quelconque achat. L'asphalte fond sous les pas et les piétons sont comme englués. Près de l'entrée de *The Green Door*, le seul restaurant de cette petite ville sans âme, un escalier donne sur le commissariat de Piet Retief, qui se situe au premier étage de l'immeuble. Il y a quelques mois à peine, c'est là que celui que l'on surnomme le *Saloon Killer*, Velaphi « Soldier » Sgananda Ndlangamandla, a avoué ses 22 assassinats et 16 tentatives de meurtre.

La porte vitrée du commissariat s'ouvre sur une longue file d'hommes puissamment armés de gros calibres et de fusils semi-automatiques. Ils sont tous policiers. Aucun n'est en uniforme, ils sont gradés, inspecteurs ou sergents du SAPS, le *South African Police Service*, la police sud-africaine. Ils se partagent à nombre égal entre Noirs et Blancs. La plupart appartiennent à la brigade criminelle de Secunda, une ville où les raffineries de pétrole s'étendent à perte de vue et où un immense casino à l'architecture kitsch trône en plein désert. Ce sont ces hommes, avec à leur tête le superintendant Koos Fourie et le sergent Jan Sithole, qui ont dirigé l'enquête sur le *Saloon Killer*.

Une femme vient les rejoindre. Sa frêle silhouette surprend au milieu de ces colosses. Mince, avec de longs cheveux qui encadrent un visage rond où percent des yeux d'un bleu intense, elle est vêtue d'un pantalon de toile aux rayures verticales noir et blanc et d'un t-shirt noir sans manches. Elle porte un fusil semi-automatique en bandoulière et tient à la main un ours en peluche. A son arrivée, tous ces vétérans de la Crim l'accueillent chaleureusement. On sent dans leurs regards une profonde admiration, mêlée de tendresse et une attitude protectrice de grands frères, car Micki Pistorius a fait ses preuves au sein de l'unité d'investigation qu'elle dirige. A 38 ans, elle travaille depuis six ans en tant que psychologue pour la police sud-africaine et les profils psychologiques qu'elle a dressés ont permis l'arrestation de plus d'une dizaine de serial killers sur la quarantaine de cas dont elle s'est occupée.

Ses traits sont tirés, elle a le visage marqué par l'ampleur de sa tâche et le stress qui en découle. Jour et nuit, vingt-quatre heures sur vingt-quatre, Micki Pistorius doit être prête à répondre à un appel téléphonique qui peut venir de n'importe quel poste de police d'Afrique du Sud. Dans ce pays ravagé entre autres par le sida et le chômage, la criminalité est une des plus fortes au monde, surpassant de très loin les chiffres américains : 18 793 meurtres et 55 114 viols en 2004 pour une population qui dépasse les 42 millions d'habitants (à titre de comparaison, la France compte environ 1 300 meurtres par an pour une population de 62 millions). En 2001, en Afrique du Sud, on dénombre 21 405 meurtres et 54 293 viols ; en l'espace de trois ans, les meurtres ont diminué de manière significative alors que les viols progressent. Entre 300 et 400 policiers sont abattus en service tous les ans. Micki Pistorius travaille quelquefois sur six à huit affaires de serial killers en même temps. Elle se met en permanence dans la tête des tueurs pour plonger au cœur des ténèbres et permettre aux enquêteurs d'arrêter le plus rapidement possible les criminels. Ses nombreux succès en ont fait une véritable héroïne dans son pays et à l'étranger. Mais sa photo n'est jamais parue dans un journal sud-africain. Micki craint trop qu'un serial killer puisse la reconnaître et la traquer. Son adresse personnelle est gardée secrète et seuls quelques rares amis y ont accès.

Je la suis depuis plusieurs semaines avec un réalisateur, Frédéric Tonolli, pour les besoins d'un documentaire télévisé. Elle nous a autorisés exceptionnellement à partager sa mission quotidienne de *profiler* au travers de trois enquêtes. Elle accepte, pour la première fois, de se livrer.

Nous montons à bord de deux vans, aux portes latérales coulissantes, des « combis », suivant le terme employé en Afrique du Sud. Le superintendant Koos Fourie s'installe au volant avec de grandes difficultés, à cause de sa taille qui doit dépasser les deux mètres. Micki s'assoit à ses côtés, le fusil-mitrailleur posé en travers des cuisses et le nounours installé avec soin sur le tableau de bord. Koos Fourie n'y prête même plus attention car lui et ses collègues savent maintenant que lorsqu'elle traque un serial killer, Micki Pistorius ne se déplace jamais sans un ours en peluche. « Je possède cinq ours en peluche qui sont très différents les uns des autres, explique-t-elle, je les emmène chacun son tour quand je suis sur une affaire. Ils évoquent ma maison d'où, par la force des choses, je suis très souvent absente. Ils me rappellent aussi une certaine forme d'innocence, celle de l'enfance, par opposition aux forces obscures auxquelles je suis confrontée. Les policiers avec qui je travaille savent que les nounours et moi sommes inséparables. Un jour prochain, ils pourront peut-être tous rester à la maison. »

Notre destination est Phoswa Village, un camp de squatters, où résidait le tueur, Velaphi. Micki est très anxieuse et fatiguée, ses ongles peints tapotent avec nervosité le canon métallique de son arme. C'est la première fois qu'elle visite la maison du serial killer et elle redoute de se rendre en de tels lieux. En chemin, nous nous arrêtons dans une station-service de Piet Retief, où un employé noir s'avance en claudiquant. Micki et Koos sont aussi surpris que l'homme qui s'approche du combi pour en nettoyer le pare-brise. Il est l'un des 16 blessés de Phoswa Village qui a échappé, par miracle, aux balles de Velaphi. Il vient à peine de sortir de l'hôpital et de trouver cet emploi. Il est ravi que Micki et Koos soient parvenus à faire arrêter son agresseur. Certains de ses amis n'ont pas eu la chance de survivre aux tirs du *Saloon Killer.* Son visage est défiguré par la trace d'un projectile. L'homme soulève sa chemise et montre une balle profondément incrustée dans sa chair et que les chirurgiens n'ont pas réussi à retirer.

A l'extérieur de Piet Retief, les routes goudronnées laissent petit à petit la place à des sentiers de terre. Les deux combis roulent dans un nuage de poussière et les chauffeurs doivent considérablement ralentir l'allure pour éviter de gigantesques nids-de-poule. Au milieu des collines, le bidonville – ou *township* – de Phoswa Village apparaît dans toute sa misère. Pas d'eau courante, juste quelques robinets où les villageois viennent s'approvisionner avec d'énormes bassines, pas de gaz ni d'électricité. Les chemins qui serpentent entre les maisons se croisent au petit bonheur la chance et ne portent pas de nom. Les maisons, qui ne sont pas numérotées, ressemblent plus à des huttes ou des cabanes, aux murs d'argile et de terre, avec des toits de paille ou de tôle ondulée. Ici, les constructions de brique ou de pierre sont rares : elles sont plutôt l'apanage de *townships* plus riches, tels que Soweto, dans les faubourgs de Johannesburg, où vit la classe moyenne noire. A Phoswa Village, il n'y a pas de classe moyenne, mais une pauvreté qui suinte à fleur de peau. Près de 50 % des habitants sont chômeurs, le taux de séropositivité avoisine les 32 %. Chaque cabane se compose de deux ou trois pièces, sans salle de bains ni toilettes, pour une surface d'à peu près trente à quarante mètres carrés. Des adolescentes en uniformes d'écolières nous croisent, leur cartable sur le dos ; elles doivent parfois parcourir à pied près d'une dizaine de kilomètres pour aller à l'école. Des enfants nus pêchent près d'un étang aux herbes hautes. Micki leur fait signe en agitant son nounours. Ils éclatent de rire et lui adressent des gestes amicaux.

Les combis stoppent près d'un croisement, le sentier est devenu impraticable. A quelques mètres de là, un des policiers de Piet Retief pointe le doigt vers une hutte que rien ne paraît distinguer des autres ; c'est un *shebeen*, celui de Qwabe Spot, un bar illégal dont les propriétaires vendent de l'alcool de contrebande. Dans certains *townships*, on fabrique même une bière à partir d'acide de batterie fermenté au soleil et autres ingrédients tout aussi nocifs ! Elle fait des dégâts meurtriers pendant les week-ends. Elle ravage le cerveau de ceux qui en boivent plus que de raison, au point que de simples querelles de bistrot se transforment parfois en massacres. Ainsi, la nuit du Nouvel An, dans le *township* de Phoenix, le patron de la morgue locale a dénombré près d'une quarantaine de morts violentes en quelques heures. Le *shebeen* de Qwabe Spot a aussi vécu des moments tragiques. C'est ici que, la nuit du 13 juin 1997, *Soldier* a surgi entre 23 heures et 1 heure du matin pour abattre la propriétaire de 38 ans, Khonzaphi Qwabe, ainsi que deux de ses clients, Aaron Mtshali, 36 ans, et Mandla Ngwenya, 27 ans.

Dans la maison du tueur

Le petit groupe continue son chemin entre les haies sauvages et les barrières de fil de fer qui démarquent les habitations. Le sergent Jan Sithole reconnaît la maison de Velaphi, située en haut d'un monticule qui domine le *township* de Phoswa Village. Les herbes folles ont envahi les lieux. Les deux bâtiments attenants laissés à l'abandon sont totalement dévastés. La demeure principale, construite en dur, n'a plus de fenêtres ni de porte, le toit a disparu et l'auvent au-dessus de l'entrée est à moitié effondré. Des trous béent dans les murs. La cabane en torchis qui sert de toilettes extérieures et d'entrepôt de fortune n'est plus qu'une ruine. Çà et là, on distingue quelques énormes fûts métalliques. Micki Pistorius feuillette un dossier de la police, où des photos montrent les lieux en l'état, lors de l'arrestation du serial killer. Deux pièces séparées par une porte en contreplaqué ; deux lits, deux tables couvertes de nappes à carreaux rouges, une table de nuit, une plaque de cuisson au gaz avec des casseroles, des chaises en plastique, un fauteuil, des étagères surchargées d'affaires de toilette et de nourriture, un poster à la gloire de l'armée, un autre vantant les mérites de *Kentucky Fried Chicken*, une penderie improvisée avec des vêtements accrochés au plafond. Quelques tapis et tissus aux motifs floraux colorés parviennent à peine à égayer l'atmosphère. Tout est d'une grande propreté. C'est là que vivait Velaphi, en compagnie de sa petite amie, avec qui il se disputait violemment, car elle lui reprochait amèrement de ne plus la désirer. Velaphi ne pouvait pas lui avouer sa grande honte, le viol subi en prison qui l'avait rendu impuissant, lui qui avait toujours rêvé d'être un grand soldat, père d'une nombreuse famille. Dans ces moments-là, la rage et la fureur le submergeaient et il partait errer dans la nuit, avec son seul ami et confident, son fusil, un Saloon calibre .22.

De cette maison et de ses rêves, il ne reste plus rien. La femme du serial killer a fui pour éviter l'opprobre des villageois. Les voisins ont pris tout ce qui pouvait être récupéré et ont saccagé le reste. Envolés les lits, tapis, nappes et ustensiles de cuisine. Quelques rares objets témoignent d'un passé récent, d'un semblant de vie : un fer à repasser rouillé, des tubes vides, des boîtes en plastique et une bouteille de lait. La désolation est totale. Micki Pistorius se rend régulièrement sur les lieux des crimes et chez les tueurs pour comprendre, sentir, ressentir. Des visites qui la mettent au bord de l'abîme. Quand Micki passe le seuil de la porte, elle se retourne et saisit. Depuis cet endroit, *Soldier* a une vue parfaite sur une grande partie de Phoswa Village. Il s'est probablement levé très souvent la nuit venue pour contempler son royaume, son terrain de chasse et fantasmer sur ses victimes passées et à venir. C'est là qu'il devait se masturber, avant de partir déterrer son arme et de s'engouffrer dans les ténèbres du *township*. Les traits de Micki Pistorius se crispent, elle se passe nerveusement la main dans les cheveux. Le superintendant Koos Fourie fait discrètement signe à ses hommes de laisser Micki tranquille. Il la connaît bien et sait que le tueur vient d'entrer dans sa tête.

Dans la fournaise ambiante, Micki s'accroupit et ramasse quelques objets épars. Elle s'adosse à un mur, retire sa casquette bleue de la police sud-africaine et ses lunettes de soleil. D'où elle est assise, Micki distingue le ciel à travers les trous béants des murs de la maison. Un silence absolu tombe comme une chape de plomb. La jeune femme se sent triste, effroyablement triste. Elle a l'impression d'être seule au monde. Elle examine les babioles qu'elle a machinalement ramassées dans sa main. Quelques piécettes, un présentoir en carton où sont fixées des boucles d'oreilles, comme pour évoquer les souvenirs d'une vie brisée. Des larmes emplissent ses yeux. La douleur devient insoutenable, Micki a besoin de se confier :

« Il y a toujours un vent sur la scène d'un crime. Quand je vais sur place, je cherche le vent et je le laisse envahir mon esprit. C'est le même vent que je ressens ici. La première fois que je l'ai ressenti, c'était à Mitchell's Plain, sur ma première affaire, celle de l'étrangleur du Cap. Et depuis, sur chaque lieu de crime, je m'assois et j'attends le vent. C'est toujours le même vent... Mais maintenant j'en ai assez. C'est fini... Je ne veux plus faire ça... Cela fait mal, ça fait tellement mal. Ce n'est pas toujours ma douleur. Je ne sais même plus si c'est ma douleur, celle du serial killer ou celle des victimes. Je ne sais plus à qui ces sentiments appartiennent. Je fais des cauchemars tellement horribles. Je fais du mal à tout le monde autour de moi. J'ai fait du mal à ma famille, à mes amis. Je peux devenir une vraie garce alors que je ne suis pas comme ça. Ce n'est pas moi. Tout cela m'a changée. Voilà pourquoi je joue avec des nounours. Parce qu'il faut que je puisse continuer à jouer... »

Micki Pistorius prend une cigarette, elle qui n'a plus fumé depuis des mois.

« Il faut que j'arrête. Je ne peux plus continuer... »

Elle est incapable de parler, les larmes continuent de couler sur son visage, son corps est secoué de sanglots. Au bout de longues minutes qui s'étirent dans la chaleur ambiante, elle redresse la tête et ses yeux bleus se fixent sur le lointain horizon, par-delà les toitures incandescentes en tôle ondulée du *township*, bien au-delà des montagnes et des paysages environnants. Comme à la recherche de ses souvenirs, de ces six années où elle a côtoyé les abysses et affronté les ténèbres, seule, toujours plus seule. Où elle a partagé cette immense douleur et pénétré au cœur des fantasmes les plus noirs de dizaines de serial killers.

Comme pour répondre à son attente, une légère brise vient lui caresser les cheveux. Micki l'a reconnu, c'est le vent qu'elle attendait, ce vent noir qui vient lui chuchoter les pensées les plus sombres des tueurs, celui-là même qu'elle a rencontré pour la première fois dans le *township* de Mitchell's Plain. Micki Pistorius s'en souvient comme si c'était hier...

CHAPITRE II

L'étrangleur du Cap

« Quand j'étais enfant, je rêvais de devenir écrivain. Je n'aurais jamais imaginé que je deviendrais une psychologue de la police qui poursuivrait des serial killers. Je n'aimais pas le sang. Mais aujourd'hui, mes jours et mes nuits sont peuplés de cauchemars et de corps en décomposition. Si je me tourne vers mon passé, j'imagine que je pourrai y trouver des indices de la cause que j'allais embrasser un jour, mais personne n'aurait pu prédire mon avenir et rien n'aurait pu m'y préparer. »

Malgré le divorce de ses parents lorsqu'elle n'a que 5 ans, Micki Pistorius connaît une enfance heureuse et sans histoire, où elle côtoie un monde imaginaire qu'elle s'est créé de toutes pièces. Dans le jardin familial, elle se réfugie souvent dans un abri de végétation, entourée de fleurs, et prétend communiquer avec des fées. Près de trente ans plus tard, elle s'attache à percer les fantasmes du monde imaginaire des serial killers. Son père et sa mère se remarient, chacun de son côté, avant de divorcer encore une fois. Micki Pistorius s'intègre parfaitement dans ses nouvelles familles et s'entend à merveille avec tous ses demi-frères et sœurs successifs. Jusqu'à son adolescence, elle habite dans près de vingt domiciles différents. Ce n'est qu'à l'âge de 35 ans qu'elle trouve enfin « sa » maison, celle qu'elle achète et où elle vit toujours, sur une colline surplombant une des grandes villes d'Afrique du Sud. Son adresse est gardée secrète. C'est à la fois pour se protéger d'un éventuel serial killer ou déséquilibré, et un ultime refuge, un endroit pur, à l'image du jardin secret de son enfance. La pelouse et le potager sont en friche, car Micki Pistorius n'a pas le temps de s'en occuper : elle reste parfois des semaines entières sans rentrer chez elle. Quand on y pénètre, un vieux chien borgne et deux chats vous accueillent. On a l'impression d'être dans une maison de poupées, un refuge dans l'imaginaire. Rien dans cette demeure n'évoque la profession de la jeune femme. Aucun uniforme ni insigne de la police sud-africaine, aucune arme n'est visible, pas plus que des diplômes ou des dossiers d'enquête. Tout cela est ailleurs et appartient à l'univers de l'autre Micki, le superintendant et Dr Micki Pistorius.

Le temps semble s'être figé dans le passé, comme le rappel d'un monde meilleur, une évocation de l'enfance. Sur les carreaux des fenêtres, posées sur des tables ou accrochées aux murs, diverses figurines de fées veillent sur l'occupante des lieux. La maison de Micki ne paraît pas vraiment habitée. A l'étage, face à l'escalier, une silhouette se dresse, c'est un mannequin vêtu d'une robe à l'ancienne. Dans sa chambre, sous le toit en pente, on remarque une balançoire où Micki aime à réfléchir aux cas qui la hantent. Près de son lit, posé à même le sol, trône un ordinateur, seule concession à la modernité, et un grand panier qui contient ses cinq nounours préférés. Micki explique en riant que quand elle rentre chez elle après une dure enquête, le nounours qui l'a accompagnée doit d'abord passer une nuit au rez-de-chaussée, sinon il est trop bavard et chuchote toute la nuit avec ses copains du panier, au point de l'empêcher de dormir. Tout autour de la pièce, des livres sont alignés sur la moquette.

Si Micki Pistorius a vécu une enfance heureuse, sa jeunesse, elle, est marquée par le sceau de la mort. Un de ses demi-frères se suicide lorsqu'elle a 21 ans et presque tous ses petits amis disparaissent de mort violente : l'un se pend, d'autres meurent au combat pendant la guerre en Angola, un autre encore se tue par overdose et un dernier dans un accident de voiture. A un moment, Micki Pistorius se croit l'objet d'une malédiction et flirte même avec l'idée du suicide. Ce qui la sauve? Sa foi profonde : « Je suis très croyante, mais cela n'interfère pas nécessairement dans mes enquêtes. C'est quelque chose de personnel. Lorsque je me trouve sur la scène d'un crime, je prie à la fois pour la victime, pour les enquêteurs et pour le suspect. Surtout, pour qu'on attrape celui-ci le plus vite possible. En faisant ce travail, je suis au service de la communauté. Je fais quelque chose pour empêcher le Mal de se propager. Chacun a ses raisons. Tous les soirs, je me sens bien en sachant que j'ai accompli une certaine tâche, même si c'est parfois frustrant. »

Après avoir suivi des études universitaires, Micki Pistorius devient, à la fin des années 1980, une journaliste en vogue de la chaîne sud-africaine SABC, où elle présente l'émission *Die Transvaler* : « J'ai d'abord été journaliste à la télévision, où je couvrais tout ce qui touchait aux spectacles; le fait d'avoir exercé ce métier m'a permis de rencontrer beaucoup de gens différents et de découvrir d'autres aspects de la vie. Cela m'a donné des bases solides pour la suite. Parallèlement, je menais des études très poussées en psychologie à l'Université de Pretoria, lorsqu'un professeur m'a suggéré de faire un mémoire sur les serial killers. Je ne me souviens plus si j'ai délibérément choisi ce thème ou si c'était un sujet dont aucun des autres étudiants ne voulait. Une fois terminé, il est parvenu entre les mains du grand patron de la police sud-africaine, qui était à la recherche d'un psychologue pour à la fois aider les policiers et suggérer de nouvelles méthodes afin de traquer les serial killers. C'est ainsi que je suis entrée dans la police, en février 1994. »

Lors de son passage à la télévision sud-africaine, Micki Pistorius fait la connaissance d'un journaliste qu'elle épouse et ils partent s'installer à Pretoria. Lorsqu'elle s'engage dans la police, elle se rend tout de suite compte qu'il lui est totalement impossible de mener de front sa lutte contre les serial killers et sa vie de femme. Malgré ce mariage qu'elle qualifie de « conte de fées », elle choisit de divorcer, la mort dans l'âme. Dès lors, la jeune femme mène pendant six ans une existence solitaire, entrecoupée de rares et brèves relations : « Ce travail est difficile et exigeant. J'ai quelquefois essayé d'en parler à des amis proches et, notamment, à un de mes compagnons. Je me sentais à l'aise avec lui et il m'a même encouragée à lui parler de mon travail. Résultat : il m'a quittée peu de temps après. Cela m'a effrayée, car dès que j'expose les monstres qui sont en moi, mes proches prennent peur. Ils ne veulent plus me voir. De fait, je suis obligée de garder le silence et de ne pas leur faire confiance, ce qui est une erreur de ma part. Je crains qu'ils me quittent à cause de mon travail. J'ai l'apparence de quelqu'un d'heureux et de joyeux, mais mon travail me hante en permanence. Mes amis ont l'impression que je leur cache quelque chose et ils ont raison, mais ils ne savent pas quoi. Du coup, j'ai du mal à établir un contact avec une autre personne. Je suis seule et pourtant j'ai vraiment besoin de parler aux autres. »

Micki Pistorius prend parfois le temps de s'échapper de cette sordide réalité, à de rares, trop rares occasions, car les serial killers ne s'arrêtent jamais et elle se sent responsable vis-à-vis de ceux qui lui font confiance. Ces brèves escapades lui permettent de se ressourcer et de trouver l'énergie nécessaire à l'écriture de ses profils psychologiques : « J'ai besoin du contact avec la nature, j'aime la mer, les lacs et les forêts. C'est là que je commence à percevoir des choses et que je me mets à écrire. Parfois, j'écris toute la nuit. Ce processus est très prenant, au point d'occulter totalement ma vie personnelle : j'oublie de souhaiter les anniversaires, de rappeler mes amis ou de régler mes factures. J'adore aussi les animaux puisque je possède deux chats et un vieux chien. La pression, tout le monde la subit. Elle est présente lorsque je dresse un profil ; il en est de même pour l'inspecteur qui mène l'enquête. Nous la vivons en permanence et il y a des moments où cette pression nous fait exploser et nous nous disputons avec violence. Mais ce n'est pas personnel. D'un point de vue émotionnel, j'aime bien être seule pour réfléchir, m'éloigner, marcher le long de la mer et penser à des choses plus agréables. J'ai appris à faire des pauses, ces derniers temps. Si je travaille sur une affaire, je m'implique à fond et j'y pense constamment, mais, dès que c'est fini, je passe à autre chose. »

A la poursuite de l'étrangleur

En cette année 1994, qui est aussi celle de l'élection du président Nelson Mandela, l'Afrique du Sud est confrontée à une véritable épidémie de crimes en série et le chef de la police cherche un psychologue pour assister les enquêteurs sur le terrain. Le jour même de son engagement au sein des forces de police, Micki Pistorius s'envole pour Le Cap afin de travailler sur l'affaire de l'étrangleur des gares (*The Station Strangler*), un tueur qui tue et sodomise de jeunes garçons qu'il repère près des gares. L'homme a déjà tué à 22 reprises, entre octobre 1986 et mars 1994, dans les dunes sablonneuses de Weltevredenbos et à l'abri de buissons proches des voies qui entourent Mitchell's Plain.

Micki Pistorius assiste à la découverte de la dernière victime de l'assassin, un garçon de 11 ans, Elroy van Rooi, le 19 mars 1994, à Klenvlei. A l'exception d'un adulte, toutes les victimes sont noires, âgées de 8 à 15 ans, elles ont été kidnappées en plein jour près d'une gare et sont d'apparence fragile. Leurs corps sont trouvés les mains attachées dans le dos avec leurs propres vêtements. La plupart des victimes ont été étranglées, quelques-unes étouffées, la tête enfouie dans le sable. Dans cette enquête, il existe fort peu d'indices, à cause de l'état de décomposition avancé des cadavres. Le tueur est rusé, il agit à l'abri, dans des zones de végétation dense ou parmi les dunes de sable de la péninsule du Cap, loin de tout chemin de traverse. Ce sont souvent des couples d'amoureux en quête d'intimité ou des promeneurs égarés, frappés par les odeurs de décomposition, qui donnent l'alerte.

Le serial killer profite aussi du mode de vie des enfants des *townships*. En général, ils habitent chez leurs parents, puis soudain, sans même les avertir, partent vivre chez leurs grands-parents ou d'autres membres de la famille. Les membres d'une même famille sont parfois éloignés de plusieurs dizaines de kilomètres les uns des autres et personne ne possède de téléphone. Bon nombre de ces disparitions d'enfants ne donnent pas lieu au dépôt d'une plainte. Sans oublier qu'avant Mandela, la population noire avait toutes les raisons de se montrer suspicieuse à l'égard de la police. Mais cette attitude a changé au début de 1994 lorsque les médias et les autorités ont annoncé qu'un tueur d'enfants sévissait dans la région.

A plusieurs reprises, des témoins ont aperçu un individu d'une trentaine d'années en compagnie de certaines des victimes. Le dernier crime du serial killer, celui du petit Elroy van Rooi, illustre bien son mode opératoire.

Le 11 mars, une femme qui attend sa fille devant un centre commercial remarque un homme qui s'approche de deux garçons, Elroy et son cousin Ryno, qu'elle connaît bien, puisqu'elle vit depuis longtemps dans le quartier. Après l'école, les deux garçons essaient de gagner un peu d'argent de poche en aidant des clients ou des commerçants à transporter des courses ou des marchandises. Ce vendredi après-midi, Ryno et Elroy sont en train de manger des frites sur le trottoir, en face d'un café. Elle les voit partir en compagnie de cet individu, tous deux portant des cartons et se dirigeant vers la gare. Une semaine plus tard, à une réunion de l'école, elle apprend qu'Elroy a disparu depuis sept jours. Elle avertit la mère du garçon et l'accompagne au commissariat pour porter plainte. Les enquêteurs savent que le tueur a encore frappé. C'est grâce au témoignage de la femme et à celui de Ryno qu'un portrait-robot de l'assassin est établi. Le cousin de la victime apporte de précieuses indications sur la manière d'agir du serial killer. Pendant que Ryno et Elroy attendaient leur commande de frites, l'homme leur a offert quelques parties sur une des machines à sous de l'établissement. Les enfants ravis ont invité leur bienfaiteur à se joindre à eux, puis ils se sont assis sur le bord du trottoir pour manger leur cornet de frites. L'homme les a suivis jusqu'à l'entrée du centre commercial et leur a demandé leur nom, sans pour autant se présenter. Au bout de quelques instants, il leur a proposé dix rands chacun (l'équivalent d'un euro cinquante, une petite fortune pour quelqu'un du *township*) s'ils l'aidaient à transporter des cartons jusqu'à la gare, ce qu'ils ont accepté avec enthousiasme. Mais Ryno a trouvé étrange que les boîtes soient vides. Il avait entendu parler de ce tueur de 11 enfants deux mois avant. Il a donc jeté ses cartons et a demandé à Elroy d'en faire autant. L'enfant a refusé et a déclaré à son cousin qu'ils ne risquaient rien, puisqu'ils se trouvaient à Strand et non à Mitchell's Plain, où sévissait l'assassin. En plus, il s'est prétendu plus malin qu'un quelconque criminel. Ryno a vu pour la dernière fois Elroy qui suivait l'individu à bord du train. Son corps a été retrouvé huit jours plus tard.

L'assassin tue à neuf reprises entre 1986 et décembre 1993, avec une forte concentration de meurtres en 1988 et 1989. Pendant presque quatre ans, les enquêteurs pensent que le tueur est peut-être décédé, car plus aucun crime n'a lieu. Mais à partir du mois de décembre 1993, les policiers doivent faire face à une véritable épidémie avec le meurtre de 11 enfants en l'espace d'un mois. A Mitchell's Plain, qui compte près d'un million d'habitants, et dans tous les *townships* voisins, la tension est extrême. Les rumeurs les plus folles commencent à circuler, à l'image de ce qui s'est passé lors des meurtres d'enfants noirs à Atlanta, aux Etats-Unis. Certains n'hésitent pas à accuser ouvertement un tueur blanc aux motivations racistes, ce qui paraît improbable puisque la communauté de Mitchell's Plain est entièrement composée de gens de couleur ; un Blanc se serait forcément fait remarquer. Plusieurs hommes aperçus en compagnie d'enfants sont poursuivis par une foule hystérique. L'un d'entre eux, qui s'est réfugié chez lui, doit même être évacué par hélicoptère pour échapper au lynchage. Le 27 janvier 1994, des centaines d'habitants se rassemblent devant le commissariat local qu'ils tentent d'envahir, car ils ont entendu dire que le tueur vient d'être arrêté. Certains mettent le feu à des scènes de crime, détruisant ainsi des indices précieux. Plusieurs suspects sont brûlés vifs par la foule. Afin d'éviter la répétition de telles crises, la police adopte un profil bas et révise ses méthodes d'investigation. Pour interroger un simple témoin, voire un suspect, les enquêteurs sont obligés d'attendre la nuit, sous peine de voir l'homme lynché, sans la moindre raison.

Le profil de l'étrangleur

La pression est telle que le chef de la police sud-africaine décide d'employer les grands moyens et prend des mesures exceptionnelles pour faire aboutir l'enquête. Un groupe spécial de douze enquêteurs s'occupe à plein temps de cette affaire. Deux d'entre eux sont chargés de dresser des profils psychologiques, l'un des victimes, l'autre de l'étrangleur du Cap. Moins de vingt-quatre heures après avoir été engagée par la police sud-africaine, Micki Pistorius doit établir le profil du serial killer. A son arrivée au Cap, elle constate de la part des vétérans des brigades criminelles une certaine hostilité et un franc scepticisme vis-à-vis de ses méthodes. Mais sa compétence, notamment lors de l'interrogatoire de suspects potentiels, fait fondre petit à petit toutes les résistances. Dès son deuxième jour sur le terrain, elle se voit acceptée comme membre de l'équipe, grâce à sa participation enthousiaste à une authentique institution sud-africaine : le *braai* ou barbecue. Le *braai* est un moment privilégié pour les policiers. Sur une des plages de Mitchell's Plain, Micki partage les doutes et les espoirs de ces enquêteurs qui ont un immense besoin de décompresser. Elle qui boit très peu d'alcool, partage quelques bières en compagnie de ses collègues. « Quand on bavarde ensemble, explique le sergent Derick Norsworthy, c'est souvent pour parler du boulot, de ce qui nous préoccupe ou d'un problème particulier. Si nous sommes déprimés ou qu'un collègue a un problème relationnel, on organise un *braai*. On demande au gars de se détendre. Souvent, les gens parlent davantage quand ils ont bu un coup, alors on lui sert à boire et on se met à discuter d'un crime, d'une histoire qui nous affecte et la douleur s'évanouit peu à peu en parlant. Le barbecue des flics, c'est aussi important que de porter un flingue. » En moyenne, un inspecteur d'une brigade criminelle sud-africaine peut travailler sur trois scènes de crime différentes par jour, ce qui fait 1 000 meurtres par an. Certains anciens, qui ont vingt ans de carrière derrière eux, se sont vus confrontés à 20 000 assassinats. Un chiffre stupéfiant.

Face à la presse, le grand patron de la police a affirmé vouloir donner tous les moyens nécessaires aux enquêteurs pour résoudre l'affaire. La réalité est moins rose. Par manque de place, les membres du groupe d'enquête sur l'étrangleur du Cap sont obligés de s'installer dans trois caravanes garées devant l'entrée du commissariat. Ils n'ont pas de ligne téléphonique et doivent demander à d'autres collègues le droit d'utiliser leurs appareils. Les dossiers des victimes et les rapports d'enquête ou d'autopsie sont disséminés dans plusieurs commissariats. En l'espace de quelques jours, Micki Pistorius remet les choses en place. Une salle du poste de police est dégagée pour servir de centre d'opérations et de commandement. Les photos des victimes, ainsi que leurs caractéristiques, sont punaisées sur un des murs de la pièce, une carte murale est dressée, à chacun des douze policiers est confiée une tâche bien précise et tous les rapports des enquêteurs, des médecins légistes et les divers témoignages sont centralisés. Le travail de *profiling* peut maintenant commencer. Micki Pistorius visite chacune des scènes de crime, prend le temps de prier pour toutes les victimes du tueur, s'imprègne des lieux et de leur ambiance. Là où elle s'attend à ressentir de la violence ou de la douleur, elle éprouve un étrange sentiment de paix. A chaque fois, elle sent le vent qui se lève comme pour saluer sa venue, mais elle n'y prête pas encore attention. Sur l'une des dunes, elle découvre même une main d'enfant, mais qui n'appartient à aucune des victimes de l'étrangleur. En fait, c'est tout ce qui reste du corps d'un enfant dévoré par une vieille femme folle qui l'a cuit sur un feu de bois. Un policier l'emmène en moto dans tous ces endroits, c'est le moyen le plus facile de se déplacer dans la monstrueuse cacophonie ambiante de Mitchell's Plain. Un dédale de ruelles et de sentiers se croisent dans le plus grand des hasards, personne ne prête attention aux rares feux de signalisation, le tout baignant dans un nuage permanent de brume et de poussière, à cause de la proximité de la mer. Des enfants courent dans les rues, des chiens errants aboient à tout-va : Mitchell's Plain est un lieu dangereux, pourtant Micki Pistorius y ressent une étrange sérénité. Au point qu'elle y revient à de nombreuses reprises dans les années qui suivent pour s'y ressourcer et qu'elle envisage même un moment de s'y installer.

Entre le 13 décembre 1993 et le 15 janvier 1994, onze corps sont découverts. Cette frénésie meurtrière semble s'accompagner d'une envie de communiquer et de narguer les autorités. Le tueur téléphone plusieurs fois aux enquêteurs, ainsi qu'aux rares mères des victimes, dont il a obtenu les numéros grâce à des bouts de papier trouvés dans les poches des jeunes garçons. Il ne se contente pas de téléphoner, mais écrit aussi un message qu'il abandonne dans une poche d'un des corps : « *Station Wrangler* (le querelleur des gares). Numéro 14, d'autres vont suivre. » Dans leurs articles qui font état d'un nombre important de victimes (plus conséquent que la série de l'étrangleur du Cap), les journaux locaux désignent à tort une quatorzième victime. L'assassin, apparemment irrité par cette erreur, retourne auprès du cadavre de sa « véritable » quatorzième victime pour y placer ce message, le corps n'étant découvert que quelques jours plus tard.

Le criminel a signé son forfait et, aux yeux de Micki Pistorius, l'individu est un perfectionniste. D'autres lettres sont adressées aux médias et la police prend très au sérieux une missive qui mentionne « le sang des victimes qui sature les trottoirs de la ville ». Micki reconnaît les termes employés par le « Fils de Sam », David Berkowitz, un serial killer qui a abattu 6 personnes à New York entre 1976 et 1977, lorsqu'il écrivait à la presse. Un livre traitant du cas de David Berkowitz vient d'être publié en Afrique du Sud. Micki Pistorius conseille alors aux enquêteurs de se rendre dans toutes les bibliothèques municipales du Cap afin d'y relever le nom des personnes qui ont emprunté cet ouvrage. En remontant la filière, ils retrouvent l'auteur du message, un mauvais plaisantin. Un courrier, dont l'écriture ne ressemble pas à celle du précédent, indique : « Je vais m'assurer que les noms de Westley Dodd, John Gacy et Wayne Williams restent à jamais gravés dans toutes les mémoires. Nous autres, nous ne sommes pas faits du même bois que vous. Si tout le monde était comme nous, Sodome et Gomorrhe ressemblerait à un camp de vacances. P.S. Pas besoin de vous apitoyer sur eux, car ils sont morts. Le sable cachera la honte et la douleur que l'on peut lire dans leurs yeux. » Westley Dodd, John Wayne Gacy et Wayne Williams sont des serial killers américains et homosexuels qui ont tué des enfants et des adolescents. D'autres indices sont découverts sur les lieux des crimes. Un carnet de notes rempli de couplets obscènes et de récits de scènes ressemblant à une parodie perverse du roman *Ne tirez pas sur l'oiseau moqueur* (*To Kill a Mockingbird*). Dans ce livre unique de Harper Lee et dans le film de Robert Mulligan avec Gregory Peck, *Du silence et des ombres*, un avocat sudiste défend un Noir accusé de viol dans une ville soumise à d'énormes tensions raciales. Le tueur semble retourner sur les lieux de ses forfaits, car des bouteilles de vin et de bière sont découvertes près des corps en décomposition, dont les étiquettes prouvent qu'on les y a laissées récemment. D'innombrables pistes sont explorées et aboutissent à des impasses.

Fin février, Micki Pistorius termine de rédiger le profil du tueur et, en accord avec ses collègues policiers, décide d'en publier une partie dans la presse, afin de débloquer la situation. C'est une procédure inhabituelle dans ce genre d'affaire, mais les enquêteurs ont besoin de la coopération des habitants de Mitchell's Plain. Voici ce que les journaux publient à la Une :

« L'étrangleur est probablement un homme de couleur âgé de 25 à 35 ans. Il est bilingue. Nous pensons qu'il est célibataire, bien qu'il puisse avoir divorcé. L'étrangleur vit probablement avec d'autres personnes. Il peut, par exemple, louer une chambre dans une maison. S'il vit seul, ses voisins pourraient observer ses nombreuses allées et venues.

« L'étrangleur est un homme intelligent qui s'habille avec soin. Il est peut-être le genre d'homme qui préfère porter une cravate. S'il occupe un emploi, nous pensons qu'il s'agit d'un travail de type classe moyenne, tel que policier, instituteur, prédicateur ou employé dans un organisme caritatif. L'étrangleur est libre de ses mouvements l'après-midi et il se rend fréquemment dans des salles de jeux vidéo et des gares, où il choisit ses victimes.

« Nous pensons qu'il est motorisé : il possède une voiture personnelle ou dispose d'un véhicule qu'il se fait prêter.

« Il est possible que l'étrangleur ait été condamné pour viol sur des garçons, des vols ou cambriolages. Les périodes où il a effectué un séjour en prison, dans une institution spécialisée, ou vécu ailleurs, pour y avoir peut-être tué également, sont les suivantes : février 1988-mars 1989 ; avril 1989-octobre 1992 ; octobre 1992-décembre 1993.

« L'étrangleur est un solitaire qui préfère sa propre compagnie. Il aime mieux parler aux enfants qu'aux adultes. Il éprouve une agressivité cachée face à toute forme d'autorité, qui ne se manifeste pas de façon directe. Il utilise peut-être un complice, qui le craint. Ce complice ne sait peut-être pas que cet individu est l'étrangleur ou il peut avoir peur d'être accusé de complicité, s'il donne des informations. Il peut se vanter d'être l'étrangleur ou prétendre avoir fait quelque chose que tout le monde ignore ou en savoir bien plus long sur l'affaire que la police.

« L'étrangleur contrôle ses émotions. Il s'est peut-être comporté de manière étrange durant la période qui va du 13 décembre 1993 au 15 janvier 1994. Il a la capacité de se distancier des meurtres et n'éprouve aucun remords.

« L'étrangleur aime l'attention médiatique. Il a peut-être des enregistrements vidéo de journaux télévisés ou collectionne les coupures de presse.

« L'étrangleur n'a pas de relation sexuelle satisfaisante avec un adulte, homme ou femme. Il préfère très certainement la masturbation et la pornographie. Enfant, il a peut-être été sodomisé par une figure paternelle et ses victimes évoquent pour lui cette expérience traumatisante. Il châtie la communauté parce qu'il se sentait impuissant quand on l'a violé et que personne ne lui est venu en aide.

« L'étrangleur ne s'arrêtera pas, à moins d'être appréhendé ou de se rendre. Il joue au chat et à la souris avec la police.

« Le public est invité à fournir toute information nécessaire sur un individu qui ressemblerait à ce profil. Toute personne qui s'apparenterait au profil et changerait brusquement de comportement, s'habillant différemment, par exemple, doit être considérée comme suspecte. »

Dans la version longue de son profil réservée aux enquêteurs, le Dr Micki Pistorius se montre plus explicite sur les détails qui l'ont amenée à définir le portrait-robot psychologique de l'étrangleur du Cap :

« L'ÂGE : 25-35 ANS

« Toutes les recherches menées à ce jour sur les serial killers indiquent que la plupart d'entre eux appartiennent à une tranche d'âge de 20 à 25 ans. Comme l'étrangleur agit depuis 1986, il est nécessaire de rajouter quelques années.

« LA RACE : UN NOIR

« Ces mêmes recherches du FBI montrent que les tueurs en série s'attaquent à des victimes de la même race qu'eux. Les activités criminelles d'un Blanc dans le *township* de Mitchell's Plain, dont la population est en très forte majorité noire, n'auraient pas manqué d'attirer l'attention de nombreux témoins, à moins qu'il ait grandi dans ces quartiers, ce qui est peu probable. Les enfants suivent plus facilement quelqu'un de leur propre race.

« LA LANGUE : AFRIKAANS ET ANGLAIS

« Les enfants se sentent plus à l'aise avec un individu qui parle leur langue et dont ils connaissent l'accent. La plupart des victimes s'expriment en afrikaans, mais le message trouvé sur un des corps est en anglais.

« RÉSIDENCE : VIT AVEC D'AUTRES À MITCHELL'S PLAIN

« Les jeunes garçons ont immédiatement été emmenés vers les dunes où ils ont été assassinés. L'étrangleur ne prend pas le risque de les faire venir chez lui pour les sodomiser, par crainte d'être vu. Les voisins auraient pu les apercevoir ou entendre leurs cris. Il aurait eu aussi beaucoup de difficultés à se débarrasser des cadavres.

« EMPLOI : POLICIER, INSTITUTEUR, PRÉDICATEUR OU TRAVAILLEUR SOCIAL

« L'étrangleur dispose de tout son temps l'après-midi. Il connaît aussi les dunes où les crimes ont été commis. Il doit toucher un salaire, car les parents des victimes affirment que leurs enfants auraient facilement suivi quelqu'un pour de l'argent. Ses emplois potentiels sont conformes à ceux qu'un jeune garçon pourrait accepter et qui n'éveilleraient pas ses soupçons.

« STATUT MARITAL : PROBABLEMENT CÉLIBATAIRE

« La nature pédophile des crimes indique que l'étrangleur n'a pas de relation avec une femme adulte. Il a peut-être eu des relations homosexuelles, mais elles auront toujours été brèves.

« APPARENCE : SOIGNÉE

« Ses tendances perfectionnistes sont évidentes à la lumière de son mode opératoire. Le message trouvé sur le corps fait référence au n° 14 et il s'agit bien de la quatorzième victime, alors que la presse nomme un autre enfant. Les cadavres ne sont pas mutilés et les scènes de crime ne sont pas chaotiques. Un individu habillé de manière correcte peut aisément convaincre des enfants de l'accompagner. Apparemment, personne ne l'a remarqué, ce qui indique un aspect qui n'attire pas l'attention. Il sélectionne uniquement des écoliers qui sont “propres” et non pas des enfants des rues qui sont “sales”. Cela démontre un souci de perfection, qui se manifeste par une apparence soignée. Son perfectionnisme est souligné par le fait qu'il ne laisse aucun indice sur les lieux de ses forfaits.

« INTELLIGENCE : TRÈS INTELLIGENT

« Les meurtres sont organisés et bien planifiés. On ne note

aucun signe d'une quelconque dégénérescence de l'intelligence. L'étrangleur joue avec la police – il laisse des messages et il est possible que ce soit lui qui téléphone. Il se considère comme plus malin que les enquêteurs.

« VÉHICULE : PROBABLEMENT UN MODÈLE D'OCCASION

« L'hypothèse veut qu'il gagne les dunes en voiture puis s'y enfonce ensuite à pied. Il s'est peut-être servi de son véhicule pour proposer de prendre en auto-stop certains des enfants près des gares de chemin de fer. Plusieurs véhicules suspects ont été signalés près des dunes. Une voiture neuve attirerait nécessairement l'attention ; il utilise sans doute un modèle d'occasion.

« CASIER JUDICIAIRE : SÉJOUR PROBABLE EN PRISON PENDANT SES PÉRIODES D'ACCALMIE

« Ses tendances psychopathologiques ont pu se manifester sous la forme de vols ou de cambriolages. Il a pu être arrêté, ou être enfermé dans un établissement psychiatrique, pour des actes de sodomie ou de pédophilie. Les serial killers tuent souvent après une période d'incubation, pendant laquelle ils ont le temps de laisser libre cours à leurs fantasmes. Ce rythme frénétique de 11 meurtres en l'espace d'un mois indique une période d'incubation, ou un élément déclencheur qui lui a causé une grande déception.

« VIE SOCIALE : UN SOLITAIRE QUI PRÉFÈRE LA COMPAGNIE DES ENFANTS ; IL A PEUT-ÊTRE UN CONFIDENT

« Il se sent maître de la situation avec des enfants et il fréquente des salles de jeux vidéo. Les serial killers agissent seuls la plupart du temps, mais des indications conduisent sur la piste d'un complice, notamment le meurtre simultané de deux enfants.

« AGRESSIVITÉ VIS-À-VIS D'UNE FIGURE PATERNELLE

« Enfant, l'étrangleur a peut-être été sodomisé par une figure paternelle. Il éprouve un profond ressentiment vis-à-vis de toute figure paternelle ou d'un quelconque représentant de l'ordre. La police symbolise l'autorité et, en conséquence, il la défie par son message. La communauté incarne aussi cette représentation de l'autorité, puisque ce "père", qui l'a violé, quitte la maison pour travailler à l'extérieur. L'étrangleur punit la communauté, parce qu'elle n'a pas su le protéger lorsqu'il a subi des sévices.

« PSYCHISME : EN CONTRÔLE, MAIS AVEC UNE COLÈRE SOUS-JACENTE

« L'étrangleur contrôle ses émotions, car il ne commet aucune erreur dans l'exécution de ses crimes, même après cette succession très rapide de 11 meurtres en moins d'un mois. La colère sous-jacente se manifeste par un comportement sadique. La strangulation est un acte particulièrement sadique qui lui permet de relâcher plus ou moins la pression sur la gorge de ses victimes et d'observer leur agonie.

« SEXUALITÉ : PAS DE RELATION AVEC UNE FEMME ADULTE ET PROBABLEMENT HOMOSEXUEL

« Un homme qui a une relation sexuelle adulte, normale et satisfaisante, ne sodomise pas de jeunes garçons. Il a peut-être tenté de concrétiser ses tendances avec des homosexuels, mais ces viols répétés, accompagnés de meurtres, sur des enfants montrent qu'un autre homme ne pourrait pas satisfaire ses besoins.

« SEXUALITÉ : MASTURBATION ET PORNOGRAPHIE

« Tous les serial killers fantasment sur le meurtre et se masturbent pendant qu'ils vivent leurs fantasmes. Ceux-ci sont souvent alimentés par la pornographie.

« PRÉFÉRENCES SEXUELLES : DE JEUNES GARÇONS

« L'étrangleur hait les jeunes garçons qui lui rappellent sa propre enfance et les sévices qu'il a subis. Quand il les sodomise et les tue, il contrôle les peurs de son enfance. Il inverse les rôles de victime en agresseur. Il s'identifie avec le violeur et devient cette figure paternelle qui l'a humilié. C'est lui qui contrôle la situation à présent.

« VIDÉOS ET COUPURES DE PRESSE

« La plupart des serial killers organisés conservent des vidéos, photos ou articles de leurs forfaits. Cela leur permet de se masturber en les regardant et de revivre l'excitation de leurs meurtres. »

La publication par voie de presse d'une partie du profil établi par Micki Pistorius et d'un portrait-robot, suite à divers témoignages, se révèle déterminante. Les principaux chefs des différentes communautés ethniques des *townships* qui entourent Le Cap annoncent publiquement leur soutien aux enquêteurs et saluent leurs efforts. Les habitants décident d'oublier leurs griefs justifiés vis-à-vis d'une police trop répressive du temps de l'Apartheid, abrogée en juin 1990. Nelson Mandela est démocratiquement élu président de la République sud-africaine en avril 1994, soit moins d'un mois après la découverte du corps du petit Elroy van Rooi. Certains des habitants et commerçants de Mitchell's Plain vont même jusqu'à fournir quotidiennement aux policiers de la nourriture dans les caravanes où ils ont installé leur quartier général. Les informations affluent. C'est d'ailleurs le revers de la médaille d'une telle initiative : certains en profitent pour dénoncer des voisins et régler de vieilles querelles. Vérifier ces renseignements prend un temps considérable.

Entre-temps, Micki Pistorius est rentrée à Pretoria. Elle se rend compte qu'elle se trouve à un point crucial de son existence. Le métier de *profiler* exige une disponibilité totale et une présence permanente auprès des enquêteurs. Il lui faut maintenant choisir entre son métier et sa vie de femme. Malgré tout l'amour qu'elle porte à son mari, elle décide de se séparer de lui. Deux mois plus tard, en juin 1994, le couple divorce. Pendant que le juge prononce le jugement, son mari lui tient la main. La jeune femme doit aussi encaisser un autre coup dur, cette fois de la part de la hiérarchie policière. Maintenant qu'elle a dressé le profil du tueur, elle est tenue à l'écart des investigations. Un des inspecteurs qui mène l'enquête sur l'étrangleur lui apprend que d'autres policiers ne supportent pas leur mise à l'écart du groupe : elle paie le fait d'être non seulement une psychologue, mais aussi une femme. Les tensions deviennent vives entre partisans et adversaires de Micki Pistorius et de ses méthodes. En conséquence, le colonel Leonard Knipe, qui dirige la police du Cap, décide de la remettre à la disposition du quartier général de Pretoria. Elle se sent déboussolée : elle a sacrifié sa vie privée au profit d'une carrière professionnelle qui la conduit vers une voie de garage.

Les aveux de l'étrangleur

Dans les *townships* du Cap, près de 2 000 suspects sont interrogés et comparés au profil psychologique dressé par le Dr Pistorius. Parmi toutes ces informations, plusieurs semblent converger vers un même suspect, un certain Avzal Norman Simons, âgé de 27 ans. Plusieurs voisins ont téléphoné pour signaler qu'il ressemblait au profil paru dans la presse. L'élément le plus convaincant vient d'une infirmière d'un hôpital psychiatrique. Le patient dont elle s'occupe correspond à la fois au profil et au portrait-robot. L'homme dit souffrir de dépression et demande régulièrement à être hospitalisé. Chacun de ses séjours volontaires à l'hôpital correspond aux dates de découverte de corps d'enfants. Curieusement, lorsque le personnel veut lui prodiguer des soins, Simons refuse : il ne participe jamais à aucune des séances de thérapie, ni ne prend les médicaments prescrits. Cette infirmière indique également qu'il quitte parfois en cachette l'établissement la nuit venue, ce que constatent aussi les enquêteurs qui l'ont placé sous surveillance. Il est arrêté le 12 avril et emmené au poste de police de Mitchell's Plain, où il refuse de répondre à toute question, mais accepte de raconter par écrit l'histoire de sa vie.

Né le 12 janvier 1967, au Cap, d'une mère métisse, Norman Simons n'a jamais connu son père, un Noir de l'ethnie xhosa. Sa mère s'est par la suite remariée avec un Noir. A l'époque de son arrestation, Simons habite à Mitchell's Plain avec son beau-père, sa mère et sa sœur. Encore petit, il part vivre chez divers parents proches à Durban et Johannesburg. A l'âge de 5 ans, Simons s'installe chez sa tante à Queenstown pour y aller à l'école. Quelques années plus tard, il retourne chez sa mère à Mitchell's Plain. Entre 8 et 14 ans, il écrit qu'il a été sodomisé par son frère aîné (toutes les victimes de Simons ont aussi entre 8 et 15 ans). « Je me sentais seul/vide. J'ai ressenti de la haine pour lui, jusqu'à ce que je lui pardonne à sa mort. Depuis cette époque, mon comportement a changé. Je suis seul/vide et sale. » Son frère décède dans des circonstances mystérieuses en 1991, mais Norman Simons tue déjà depuis 1986 parce qu'il est tombé sous l'influence d'une *sangoma* (une guérisseuse), une *umfufunyana*, une femme âgée qui détient des pouvoirs surnaturels. Cette personne aurait eu une mauvaise influence sur lui. « Pendant les meurtres, deux forces opéraient, celle due à la sodomie et la malédiction xhosa qui me hantait. » En 1986, il rate ses examens pour devenir instituteur, alors qu'il est extrêmement intelligent, cultivé et parle sept langues, dont l'anglais, l'afrikaans et le français. « Personne ne parvenait à croire que j'avais échoué à mes examens. C'est à cette époque que les crimes ont démarré. J'entendais des forces/voix/esprits qui me poussaient à aller à Johannesburg pour tuer (...), des voix me parlaient dans mes oreilles et mon estomac (...), elles ne me procuraient aucune joie, c'était l'enfer (...), elles me dominaient. Je savais que ce que je faisais était mal, diabolique et inacceptable. Je n'ai jamais pu exprimer en paroles ces forces/sentiments. Les voix m'ordonnaient de parler aux enfants. Ces enfants innocents m'écoutaient et suivaient les instructions. Parfois, on aurait dit que ces forces obligeaient ces gosses à écouter. Ma personnalité bascule alors, et je suis maintenant capable de faire du mal (...). Après la mort de mon frère, ces deux forces se sont complètement emparées de moi vers la fin de 1993. »

Norman Simons explique avoir été possédé par l'esprit de son frère défunt et que c'est cet esprit qui l'a obligé à commettre tous ses crimes. « J'avais l'air de quelqu'un d'heureux, mais je ne l'étais pas du tout (...) Je suis totalement bouleversé qu'une personne puisse faire tant de mal à la communauté. Je suis sûr que l'étrangleur est un individu éloquent et qui sait comment gagner la confiance des enfants. Maintenant que je me suis confessé, j'ignore si ces forces vont m'abandonner et me laisser en paix (...). La réalité des meurtres va toujours me hanter. Les pleurs, ceux des enfants et les miens. Le combat pour sortir de cette situation. Pour être libre. Je vous ai causé beaucoup de dégâts. Ce à quoi ressemblaient vos corps par la suite. Je ne peux pas le supporter. C'est vraiment horrible, je suis désolé (...). C'est dur, réellement très dur d'être possédé par des forces inconnues. Je ne suis rien. Je suis sale. Sale et je ne vaux rien. Je suis désolé de vous avoir déçus. Ne vous laissez pas prendre au même piège. Je regrette vraiment tout ça. Ces forces ne peuvent pas être expliquées par les médicaments. Je vous salue avec amour dans l'espoir d'une Afrique du Sud paisible, meilleure et compréhensive. »

Pendant un temps, Simons travaille comme surveillant interne dans un orphelinat, puis comme employé de bureau, avant de réussir enfin son examen d'instituteur en 1992. Très aimé de ses élèves, il participe en tant que bénévole à des groupes religieux d'aide aux adolescents en difficulté. Il souhaite devenir policier réserviste. Il donne le sentiment d'être soucieux de son apparence, toujours bien habillé, et il change souvent de style de coiffure. Norman Simons, passionné de musique classique et de littérature, possède un véhicule d'occasion qu'il a repeint à plusieurs reprises durant la période des meurtres. Une fouille à son domicile permet de mettre au jour des coupures de presse sur les assassinats d'enfants du Cap, mais pas de matériel pornographique. Il n'a aucun casier judiciaire. Fin 1993, il rompt avec un amant, ce qui précipite peut-être la frénésie meurtrière qui s'empare de lui entre décembre 1993 et janvier 1994. Il est célibataire, compte beaucoup d'amis, mais un seul qu'il considère comme un proche. Après l'arrestation de Simons, cet ami contacte la police par crainte d'être considéré comme son complice. Son témoignage fournit des preuves flagrantes de la culpabilité de Simons, mais il se contredit à plusieurs reprises au sujet de son éventuelle participation à un ou plusieurs des crimes. Sa culpabilité en tant que complice n'a jamais pu être prouvée.

Le lendemain de la confession écrite de Simons, l'un des enquêteurs prévient Micki Pistorius de l'arrestation de l'étrangleur du Cap. Nous sommes un vendredi 13. La jeune femme est partagée. Elle est à la fois heureuse de l'exactitude du profil qu'elle a dressé qui a permis l'identification du tueur, mais aussi frustrée d'avoir été mise à l'écart. Elle prend un avion pour Le Cap où elle arrive le soir même. Le samedi matin, la déception et la colère montent encore d'un cran quand elle apprend que tous les membres du groupe spécial d'enquête sur l'étrangleur ont célébré l'arrestation du serial killer par un *braai* nocturne auquel personne n'a pensé à l'inviter.

Quelques heures plus tard, Norman Simons est questionné par un psychiatre ; la jeune psychologue assiste en tant qu'observateur muet à l'interrogatoire. Elle se sent rejetée de toutes parts, alors que le profil psychologique qu'elle a établi a permis l'identification du tueur. L'entretien se termine et Micki Pistorius quitte rapidement l'établissement psychiatrique pour s'installer dans une voiture de police garée dans une cour protégée par des gardes armés. Le temps semble s'être mis au diapason de son humeur : il pleut à torrents sur la région du Cap. Quelques instants plus tard, la portière arrière du véhicule s'ouvre et quelqu'un s'assoit sur la banquette sans un mot. Micki Pistorius pense tout d'abord qu'il s'agit d'un policier, mais ce silence lui semble singulier, pesant, comme chargé d'émotions contradictoires. Elle se retourne et son regard plonge dans l'abîme de celui de Norman Simons. Ce n'est pas un monstre qu'elle a en face d'elle, mais un homme effrayé, au regard de bête traquée. Micki éprouve de la compassion pour cet individu qui a souffert dans son enfance. Elle se présente et ils se mettent à discuter, tandis que plusieurs policiers viennent les rejoindre. Elle lui parle en français, une langue que Simons maîtrise parfaitement. Il lui fait part de son amour pour le métier d'instituteur et lui dit qu'il rêve de visiter le Danemark. Leur discussion se poursuit pendant près d'une demi-heure. Micki Pistorius comprend alors que l'étrangleur du Cap connaît de très graves désordres de la personnalité et d'identité. Identité religieuse, puisque élevé dans le christianisme, avant de devenir musulman, au point de changer son nom de Norman en Avzal, puis de revenir de nouveau au christianisme. Identité culturelle, car il est né métis de parents aux appartenances ethniques différentes. Enfin, identité sexuelle posant problème.

En juin 1995, Norman Simons est jugé pour 21 meurtres. Son procès dure trois mois et il est finalement condamné à dix ans de prison pour kidnapping et à vingt-cinq ans pour le seul assassinat du petit Elroy van Rooi. Tous les autres meurtres ont été écartés du chef d'accusation faute de preuves concrètes. Les aveux du tueur et le fait qu'il ait correctement identifié toutes les scènes de crime ne sont pas des charges suffisantes. Lors du procès, Norman Simons affirme son innocence et montre à l'assistance les dizaines de lettres et cartes de soutien qu'il a reçues de ses anciens élèves. Il déclare avec force aimer les enfants et être incapable du moindre geste de violence à leur égard. Une fois en prison, Simons fait appel de sa condamnation. En mars 1998, la Cour suprême d'Afrique du Sud, à Bloemfontein, rejette son appel et aggrave sa sentence en une peine de prison à perpétuité, sans possibilité de libération conditionnelle. Emprisonné à Paarl, au *Drakenstein Maximum Correctional Centre*, Norman Simons y enseigne les langues, les mathématiques, les métiers du tourisme et les sciences sociales aux autres détenus.

Le 15 août 2005, dix ans après sa condamnation, le tueur en série fait une nouvelle apparition devant le tribunal de Mitchell's Plain. Les autorités ont demandé un complément d'enquête concernant les viols et les assassinats de Donovan Swartz, 11 ans, Elino Sprinkle, 9 ans, et Marcelino Cupido, 9 ans. Norman Simons a pris du poids derrière les barreaux, il a rasé sa chevelure afro et il apparaît protégé par un gilet pare-balles. Il ne s'exprime qu'une seule fois, se contentant d'un « *Ja* » en réponse à une question du juge. Le tribunal annonce que l'ADN du prisonnier va être prélevé à des fins de comparaison avec celui que l'on a trouvé sur les enfants tués. En dix ans, la police scientifique a effectué d'énormes progrès, notamment en ce qui concerne les empreintes génétiques. L'audience est suspendue au bout de quelques heures à peine. Le 6 décembre 2005, le journal *The Cape Times* affirme que 3 nouveaux cas d'enfants assassinés vont être examinés : Owen Hofmeester, 12 ans, Fabian Wilmore, 8 ans, ainsi que celui d'un corps non identifié dont l'âge est fixé à environ 14 ans.

Cette première affaire a provoqué chez Micki Pistorius des sentiments mitigés. Elle a certes fait la preuve de la validité et de l'efficacité de ses méthodes d'investigation psychologique, mais elle a été blessée par l'attitude des policiers qui l'ont rejetée. De retour à son bureau de Pretoria, elle se plonge dans une tâche tout aussi importante, l'élaboration de cours qu'elle prépare pour former les enquêteurs des différentes brigades criminelles à travers toute l'Afrique du Sud. Le temps presse, car les serial killers se multiplient un peu partout dans le pays, à Nasrec, à Wittbank, à Phoenix, à Johannesburg, à Piet Retief. Partout, des corps sans vie jonchent les terrains vagues et des cadavres mutilés s'accumulent dans les morgues des *townships*. Micki Pistorius doit absolument faire comprendre aux policiers la mentalité particulière des tueurs en série et leur apprendre à dresser un profil psychologique afin d'aider l'enquête.

CHAPITRE III

Quel profil pour le serial killer ?

« Beaucoup de serial killers ont des mobiles sexuels, explique Micki Pistorius. Les hommes et les femmes n'ont pas la même idée du sexe. Un homme est excité par ce qu'il voit, une femme par le toucher. Voilà pourquoi il y a plus de voyeurs et d'hommes qui regardent des films pornographiques. Les crimes sexuels sont directement liés à l'apparence de la victime et à son physique. Si un homme veut dominer une femme, il exige un rapport sexuel avec elle. A l'inverse, si une femme veut dominer un homme, elle refuse d'avoir un rapport sexuel avec lui. Si un homme a été abusé sexuellement ou maltraité, il s'attaque à quelqu'un d'autre. Une femme au contraire a tendance à s'en prendre à elle-même et à pratiquer l'automutilation. »

S'il reste très faible, y compris aux Etats-Unis, le nombre des serial killers est en augmentation à travers le monde. Il faut cependant tempérer cette progression à la lumière de deux paramètres : depuis quelques années, d'une part, les policiers parviennent mieux à relier entre eux des crimes qui paraissaient auparavant indépendants et, d'autre part, les médias accordent une grande importance à ce phénomène.

Aux yeux du tueur, la victime n'est rien ou, au mieux, un objet destiné à satisfaire ses fantasmes. Tuer, torturer ou mutiler lui pose autant de problèmes que de jeter un Kleenex. Dans son esprit, il a déjà fantasmé et planifié son crime des centaines de fois avant de passer à l'acte.

« Pour le tueur en série, la part des fantasmes est capitale, affirme Micki Pistorius. C'est ce qui différencie le serial killer des autres meurtriers. Le tueur en série a un motif psychologique alors que la plupart des assassins agissent pour un mobile, tel que la vengeance ou la passion. Les serial killers ne comprennent pas vraiment pourquoi ils tuent, ils sentent qu'ils doivent tuer. J'ai découvert que, dès leur plus jeune âge, ils sont obsédés par leur développement psychosexuel et cette fixation s'épanouit avec leurs fantasmes. Ce type de criminels ne développe pas de conscience. Certaines personnes en effet repoussent ce genre de fantasmes grâce à leur conscience, car cela peut devenir très menaçant pour leur ego. Le serial killer, quant à lui, continue à fantasmer, sans le garde-fou d'une conscience. Dans l'univers des fantasmes, c'est lui qui contrôle la situation. Il joue et agit au gré de ses désirs ; pour lui, c'est la réalité, mais cela ne se déroule pas de la manière qu'il espère. Voilà pourquoi il est obligé de répéter son action. Quand quoi que ce soit contrarie son existence, même un incident aussi futile que quelqu'un qui le bouscule dans la rue, la fragile image qu'il a de lui-même est menacée. Cela occasionne un déséquilibre psychologique qu'il a besoin de rétablir, afin de se sentir de nouveau puissant. Et la seule façon de rétablir cet équilibre est de vivre ses fantasmes pour retrouver ce contrôle. Tuer quelqu'un donne un sentiment de puissance. Vous vous sentez à l'égal de Dieu, puisque vous possédez le pouvoir de vie ou de mort. Pour le tueur, il est impératif de retrouver cet équilibre pour se sentir mieux. Il ne peut plus se passer de cette sensation de domination. Certains serial killers m'avouent qu'ils éprouvent une phase de dépression après avoir tué et qu'ils se sentent perdus. Voilà pourquoi ils ont besoin de ressentir de nouveau cette allégresse, de redevenir Dieu et de répéter leur crime, car la réalité de leur acte ne coïncide pas avec leur vie fantasmatique. Cette contrainte de tuer peut s'assimiler à l'instinct. Il existe deux instincts chez l'homme : l'instinct sexuel, afin de procréer, et celui de conservation qui permet de survivre, de se défendre. L'une des manifestations de cet instinct est la faim ; poussée à son paroxysme, elle peut vous faire oublier toute autre chose que la nécessité de vous nourrir. Il en est de même pour le serial killer lorsqu'il éprouve l'urgence de tuer pour rétablir son équilibre. Une fois qu'il a tué, il est rassasié, puis il ressent un vide qu'il faut combler, et donc tue à nouveau.

« Les gens attribuent trop de crimes aux serial killers. C'est un individu qui tue plus d'une personne, à des moments différents, mais cette définition peut tout aussi bien s'appliquer à un voleur ou à un tueur à gages. La différence demeure toujours dans le motif psychologique. Dans la majorité des cas, le serial killer est organisé et il connaît la portée de ses actes. Il planifie son meurtre et sélectionne sa victime. Il nettoie le lieu de son crime et le remet en ordre. Il n'a aucun désir de s'arrêter. Une minorité de tueurs en série sont psychotiques et leur place est dans un hôpital psychiatrique. Chaque serial killer est complètement unique. Prenons l'exemple de John Wayne Gacy et de Jeffrey Dahmer, dont le type de victimes est le même : des jeunes homosexuels. Ils ont torturé ces hommes, les ont tués, ont commis des actes nécrophiles et conservé les corps à leur domicile. En apparence, il s'agit de cas identiques, mais John Wayne Gacy détestait les homosexuels, alors que Jeffrey Dahmer aimait ses victimes et désirait les garder auprès de lui, car il se sentait très seul. Voilà pourquoi on dresse des profils psychologiques : il faut tenter de ressentir les mêmes sensations que les tueurs en série en allant sur le lieu de leurs crimes, afin de deviner leurs fantasmes spécifiques.

« Il est impossible de réhabiliter un serial killer, souligne Micki Pistorius. Dans les premières années de son développement, le futur criminel fait une fixation et cela lui prend environ vingt ans pour devenir un serial killer. Quand ces individus commencent à tuer, ils en tirent de la satisfaction, cela satisfait leur besoin profond d'existence. Et ils deviennent accros et dépendants. En théorie, on pourrait imaginer qu'un psychiatre qui consacrerait vingt ans à effectuer une thérapie sur un serial killer pourrait peut-être le changer. Mais je ne donnerais jamais une seconde chance dans la vie à un serial killer. Avec ces individus, on est confronté à un paradoxe extraordinaire : ce sont des personnes qui souffrent énormément et qui expriment cette immense douleur en infligeant de terribles souffrances à leurs victimes. »

De l'utilité du profil psychologique

Grâce aux informations recueillies auprès des tueurs, ces nouveaux policiers que sont les *profilers* (ou analystes comportementaux, pour utiliser le terme français) analysent les scènes de crime de ces assassins, dressent un profil psychologique qui permet, quelquefois, de résoudre une enquête rendue extrêmement difficile par l'absence de mobile apparent. Ce mobile, il faut aller le chercher dans le cerveau du tueur, se mettre dans la peau du criminel qui exprime ses fantasmes meurtriers par des actes qui paraissent insensés au commun des mortels, ainsi que l'explique Micki Pistorius :

« Le profil consiste à traduire le processus mental du serial killer. Je ne le fais pas vraiment de manière consciente, c'est mon subconscient qui agit. J'ai besoin d'être seule, de voir le corps de la victime sans que personne ait commencé à le toucher. Je suis à la recherche d'indices que les enquêteurs ne consignent pas toujours dans leurs rapports. Si, par exemple, les chaussures de la victime sont bien rangées l'une à côté de l'autre, cela signifie que c'est le tueur qui l'a fait : la victime elle-même n'a pas pu les placer ainsi pendant qu'elle luttait pour défendre sa vie. On a affaire à un rituel et on peut en déduire que le tueur est un perfectionniste qui désire que tout soit net et rangé. Il a ce même comportement dans sa vie quotidienne. Sa maison doit être soignée, son apparence aussi. Voilà, par exemple, le type d'indice psychologique qui me permet de dresser un profil du tueur. »

Etablir le profil psychologique d'un individu n'est pas une fin en soi, car ce profil, seul, ne permet pas d'identifier le criminel. Cependant, lorsque ce portrait-robot est correctement établi, il détermine le type de personne susceptible d'avoir commis un crime spécifique. Le profil psychologique ne remplace pas une enquête approfondie sur le terrain. C'est un outil supplémentaire dans la recherche du criminel, la technique de suivi d'une enquête rendue très difficile lorsque la police a affaire à un serial killer organisé qui prépare ses crimes avec soin, sans laisser d'indice ni d'arme. Pour l'enquêteur de terrain, disposer d'un profil psychologique peut néanmoins comporter un piège : celui de l'inciter à se focaliser sur un certain type de suspect et d'abandonner des pistes intéressantes.

Lorsqu'un profil est bien esquissé, son utilité peut s'étendre bien au-delà de l'arrestation du suspect. Les *profilers* conseillent fréquemment la police sur la meilleure manière d'interroger un suspect, et même les procureurs, auxquels ils offrent les moyens de briser les défenses d'un accusé qui témoigne à la barre.

Le processus pour établir un profil psychologique comprend cinq stades différents et s'apparente au travail du médecin qui énonce un diagnostic, puis préconise un traitement : des faits sont rassemblés et étudiés, la situation est reconstituée, des hypothèses émises, un profil bien cerné. Ensuite on compare les résultats.

La première étape consiste en un examen détaillé du lieu du crime et comporte :

— des photos en couleur dudit lieu ainsi que de la victime s'il s'agit d'un homicide ;

— des clichés aériens afin de situer l'endroit dans son environnement immédiat ;

— une vidéo tournée sur place ;

— un plan dessiné des lieux qui indique les distances, les directions et l'échelle ;

— un rapport préliminaire de police mentionnant comment le corps a été découvert et à quel moment, des interviews avec d'éventuels témoins et avec les voisins, des renseignements sur le lieu du crime (statut socio-économique, fréquence de crimes dans la région, etc.), si une arme a été retrouvée sur place, la présence d'indices éventuels ;

— un rapport d'autopsie complet comportant les résultats des tests toxicologiques et sérologiques effectués en laboratoire, ainsi que les conclusions et impressions du médecin légiste concernant la cause et le moment du décès, le type d'arme employé et la succession des blessures infligées ;

— des photos de l'autopsie, y compris des gros plans sur les blessures nettoyées ;

— un rapport le plus complet possible sur la victime, comprenant : occupation (passée et présente), lieu de résidence (passé et présent), statut familial, description physique – y compris des vêtements portés au moment du crime –, niveau d'éducation, réputation (sur le lieu de travail et dans le voisinage), situation financière (passée et présente), historique médical, contexte familial, habitudes personnelles et sociales, consommation ou non de drogue et d'alcool, distractions, ami(e)s et ennemi(e)s, changements récents dans le style de vie, casier judiciaire.

Toutes ces photographies et informations peuvent révéler des éléments aussi importants que le niveau de risque encouru par la victime, l'état émotionnel du meurtrier, son degré de sophistication, ainsi que la maîtrise de soi dont il a fait preuve, ou non, pendant l'exécution de son forfait. En revanche, les analystes ne veulent pas y voir inclus une liste des suspects potentiels : une telle information risque d'influencer leur profil psychologique.

La deuxième étape consiste à classer toutes ces informations et à répondre à un certain nombre de questions.

Classification du crime

S'agit-il d'un premier crime commis par quelqu'un d'inexpérimenté ou fait-il partie d'une série ? Est-il l'œuvre d'un homme seul ou d'un groupe de personnes ?

Motif du meurtrier

Dans cette phase, les analystes déterminent les raisons profondes qui se cachent derrière le geste criminel : a-t-il été commis pour se défendre, par appât du gain, à la suite d'une dispute, pour des raisons religieuses ou fanatiques, ou pour une satisfaction sexuelle ?

Évaluation du risque de la victime et de son assassin

Une graduation du risque encouru par la victime permet de mieux cibler le criminel. Ce degré de risque est déterminé par l'occupation et le style de vie, ainsi que par les lieux fréquentés par la victime. Ainsi, une prostituée qui opère dans la rue ou dans les bois, des auto-stoppeurs ou des fugueurs se livrent à des occupations à haut risque. Une mère de famille qui vit dans un quartier résidentiel est une victime potentielle à bas risque, sauf si son style de vie la place dans une situation à haut risque. Par exemple, si elle fréquente des bars pour se faire draguer par un inconnu à l'heure de la fermeture, ou si elle gare sa voiture dans un parking à trois heures du matin. Des tueurs peuvent traquer des victimes à haut risque dans des lieux où elles sont plus vulnérables, tels que les dépôts de bus, les gares ou les endroits isolés. Cette information sur le risque de la victime aide à générer une image mentale du criminel.

De même, il est important d'intégrer à l'analyse le risque que le meurtrier prend en commettant son crime. Kidnapper une personne en plein jour dans une rue très fréquentée présente un risque très élevé. Un tel geste peut s'expliquer de diverses manières, si le criminel est :

— persuadé qu'il ne sera pas capturé ;

— dans une situation de stress qui l'empêche de prendre conscience des risques encourus ;

— émotionnellement immature ;

— à la recherche d'une excitation dont il a un besoin vital pour commettre son forfait.

Chacune de ces quatre hypothèses est comparée aux autres paramètres afin de sélectionner celle qui cadre le mieux. Aucune hypothèse ne doit être examinée de façon isolée, car c'est grâce à une interaction entre les différents éléments qu'un profil psychologique crédible est déterminé.

Facteur temps

L'heure à laquelle le crime a été commis peut donner des indications sur le style de vie et l'occupation du meurtrier. Dans le cas d'une série de meurtres, si tous les forfaits sont perpétrés le week-end, on peut penser que l'assassin travaille le reste de la semaine. Si les crimes sont commis la nuit, il y a de fortes chances pour qu'il vive seul et soit célibataire. Le facteur temps intervient aussi à d'autres niveaux :

— le temps requis pour tuer la victime ;

— le temps passé en compagnie du cadavre pour d'éventuels actes de mutilation post-mortem, cannibalisme ou nécrophilie ;

— le temps mis à se débarrasser du corps.

Un assassin qui cherche à passer du temps avec une victime doit nécessairement choisir un endroit isolé, qu'il connaît bien, où il se sent à l'aise.

Facteur espace

Il faut savoir où la victime a été vue pour la dernière fois, à quel endroit l'assassin l'a approchée, et s'il a transporté le cadavre à un autre endroit que le lieu du crime.

La troisième étape consiste en une reconstitution chronologique du crime et des comportements de l'assassin et de sa victime. Les analystes considèrent l'aspect organisé ou désorganisé du crime, le choix de la victime, les stratagèmes utilisés pour persuader celle-ci, la succession d'événements qui ont pu se dérouler ou la possibilité d'une manipulation du criminel pour tromper les enquêteurs.

De nouveaux policiers ?

Le profil psychologique s'apparente à un portrait-robot d'un nouveau type, curieux mélange de travail d'enquête sur le terrain, de psychologie, de déduction et d'intuition. Depuis que le *profiling* est employé au sein du FBI, il a beaucoup évolué : il n'est plus l'apanage de ces seuls agents dont les méthodes, révolutionnaires à l'époque, se sont quelque peu figées avec le temps. L'*Investigative Support Group*, autrefois appelé *Behavioral Science Unit*, reste une excellente école pour les policiers qui suivent son enseignement à Quantico. En revanche, elle ne forme plus les policiers du monde entier qui y avaient accès jusqu'à ces dernières années. Cette unité, vitrine du FBI jusqu'aux attentats du 11 septembre 2001, et les agents qui la composent demeurent enfermés dans un carcan trop rigide. Bridés par des lois qui les empêchent d'intervenir de leur propre chef sur une affaire criminelle, sauf si une force de police locale fait appel à eux, les agents du FBI se lancent, la plupart du temps, sur une piste froide, quelquefois de plusieurs années. Ils travaillent à partir de photos, de rapports d'enquête ou d'autopsie, ce qui réduit nécessairement leur efficacité par rapport à des *profilers* de terrain, souvent présents sur le lieu d'un premier forfait où une psychopathologie semble à l'œuvre. Les profils psychologiques établis par le FBI sont trop généraux pour pouvoir réellement être utiles aux enquêteurs locaux, car ils sont dressés à partir de grilles préétablies, suivant des schémas rigides. Or le terme même de serial killer ne s'applique pas à un seul type de criminel, à un profil unique d'individu. Ainsi, un tueur en série peut tout à fait être organisé – préparer avec soin son forfait, emporter avec lui un kit du crime, effacer tous les indices, etc. – et présenter aussi des traits qui appartiennent à la catégorie du criminel désorganisé – actes de nécrophilie, tels Schaefer ou Jeffrey Dahmer, de cannibalisme comme Ed Kemper – ou se laisser griser par ses propres fantasmes, à l'image des morsures d'un Ted Bundy sur la victime Kimberley Leach. En France, il existe des tueurs en série « mixtes », à la fois guidés par des pulsions sexuelles et l'appât du gain, qu'il s'agisse de Henri Landru ou, plus récemment, de Guy Georges, le « tueur de l'Est parisien ».

Qui sont donc ces « nouveaux » *profilers* ? Ce sont d'abord et surtout des policiers, et non des psychologues et/ou des criminologues venant du privé. Pourquoi ? Un consultant externe aux services de police ne peut pas être disponible à tout moment, car il a sa clientèle à gérer, il n'appartient pas au sérail, les policiers ou les gendarmes l'acceptent mal.

« Aux Etats-Unis, les *profilers* du FBI ne se déplacent pas sur la scène du crime et, pour moi, c'est une erreur, car cela réduit considérablement leur efficacité, explique Micki Pistorius. En revanche, ils sont de très bons formateurs. En Afrique du Sud, les *profilers* font partie des services de police. Il est impossible d'avoir un psychologue issu du privé, car au tribunal il ne pourrait pas témoigner, n'étant pas assermenté : ce serait illégal. C'est le premier problème. Ensuite, un psychologue du privé coûterait trop cher. De plus, il ne serait pas disponible vingt-quatre heures sur vingt-quatre, comme je peux l'être, à cause de sa clientèle. Peu de psychologues sont capables d'endurer l'horreur de tels crimes et ils ne peuvent pas comprendre les méthodes des enquêteurs. Ceux-ci sont méfiants, à juste titre, vis-à-vis des psychologues privés, car ils ont la responsabilité de l'enquête. C'est précisément ce policier qui sera amené à témoigner au tribunal et il ne voudra jamais le faire avec quelqu'un qu'il ne connaît pas, en qui il n'a pas confiance ou qui pourrait communiquer des informations sensibles aux médias. Il doit exister une grande relation de confiance entre l'enquêteur et le psychologue, afin qu'ils puissent travailler en osmose. Voilà pourquoi il est préférable que le psychologue soit aussi un policier. Etablir un profil est toujours un travail d'équipe. Les méthodes de travail des *profilers* de chaque pays sont très différentes et on pourrait imaginer une aide mutuelle. Aux Etats-Unis, les *profilers* ont un peu tous les mêmes méthodes qui fonctionnent trop, à mon goût, suivant des schémas préconçus. Le profil est trop général, pas assez précis. Un profil doit être personnalisé et contenir au moins soixante pages sur un individu unique.

« J'ai dressé près d'une trentaine de profils psychologiques et ils sont tous très différents les uns des autres. Il est impossible de travailler suivant des schémas préétablis. L'expérience compte, mais établir un profil ne relève pas du copier-coller. Avant tout, c'est un travail d'équipe. Je collabore avec un inspecteur de la brigade criminelle (*Murder and Robbery Unit*) et avec son équipe ; je les accompagne dans leurs recherches, ainsi que lors des arrestations et interrogatoires. Je discute avec eux afin de connaître leurs opinions, et c'est dans ce sens qu'il s'agit véritablement d'un travail d'équipe, car c'est aussi, et surtout, *leur* cas. Le *profiler* donne son avis, mais c'est à l'inspecteur de décider s'il va suivre ses conseils. C'est lui qui dirige l'enquête.

« Parfois, il m'est arrivé d'assister à l'arrestation de serial killers, comme récemment dans le cas de Sipho Twala, le tueur des champs de cannes à sucre. Quand une force de police locale est sur les traces de l'un d'entre eux, elle fait appel à nous pour que nous travaillions ensemble. Les profils sont très précis dans la description du tueur, souvent grâce au travail des enquêteurs. Dans mes profils, j'essaie aussi, dans la mesure du possible, d'indiquer le type d'objets que les policiers peuvent s'attendre à trouver lorsqu'ils fouilleront la demeure d'un suspect ; cela est très utile quand il faut établir un mandat de perquisition. Le profil donne à l'enquêteur une manière de communiquer et d'approcher le serial killer, pour savoir ce qui se passe dans sa tête. Il est très important lors des interrogatoires.

« Un profil peut aussi présenter une certaine utilité lors de la phase de l'interrogatoire d'un serial killer par le procureur chargé de l'affaire. Par exemple, s'il ne connaît pas très bien le suspect. Je peux l'assister lors du contre-interrogatoire et lui exposer les traits de caractère du criminel. Je dois expliquer au juge quels facteurs psychologiques ont poussé cette personne à tuer. Je ne peux pas dire si elle est coupable ou non, car je ne suis pas juge, mais je peux le conseiller. Par exemple, si un individu mutile des seins, cela pourrait s'expliquer par le fait qu'il a été abandonné durant son enfance. Le juge doit se forger une opinion personnelle.

« Le profil n'est pas un aboutissement, c'est juste un outil supplémentaire, un instrument qu'un enquêteur peut utiliser, comme il se servirait des empreintes digitales de quelqu'un. Etablir le profil de ces tueurs permet aux policiers de comparer les différents suspects et de les classer par catégories, afin d'éliminer ceux qui ne correspondent pas. Cela économise beaucoup de temps et, plus vite on capture le serial killer, plus on sauve de vies. »

CHAPITRE IV

Le tueur des champs de cannes à sucre

Dans un pays où 51 meurtres et 150 viols sont commis tous les jours, un vol à main armée toutes les trois minutes et un cambriolage toutes les minutes et demie, et où la criminalité a plus que doublé en dix ans, la ville portuaire de Durban est l'une des plus dangereuses du pays après Johannesburg. La brigade criminelle locale, *Durban Murder and Robbery Unit*, est l'une des plus importantes du pays avec un nombre d'enquêteurs qui oscille entre 80 et 100. Ces hommes traitent environ 450 meurtres sur les 5 000 qui sont perpétrés dans Durban et ses alentours, les *townships* du KwaZulu-Natal. En 1997, leur patron est le superintendant Philip Veldhuizen et son adjoint est le superintendant Alan Alford. Les deux hommes sont très différents : Alan Alford est corpulent avec une chevelure sombre, tandis que Philip Veldhuizen est mince, grand, la tête couronnée d'une chevelure rousse, il porte une petite barbe et d'éternelles lunettes de soleil ; tous deux ont suivi les cours de Micki Pistorius en matière d'investigation psychologique.

Philip Veldhuizen évoque pour nous la chronologie de l'affaire du tueur des champs de cannes à sucre : « Le 1er juillet 1997, des enquêteurs d'un poste de police de Phoenix, situé dans la banlieue de Durban, nous signalent la découverte de trois corps de femmes brûlés et en état de décomposition avancée. Fin juin, chaque année, les champs de cannes à sucre sont incendiés pour en faciliter la récolte.

Les pieds mesurent jusqu'à 2,50 m de haut et les champs ressemblent à une jungle impénétrable sur plusieurs centaines d'hectares autour des collines qui surplombent les *townships* de Phoenix ou de KwaMashu. De plus, les champs sont très dangereux pour les coupeurs car ils sont infestés de serpents, de scorpions et de rats énormes qui ont presque la taille d'un chat. C'est en brûlant les champs que les trois cadavres sont découverts. Malheureusement, leur état ne nous permet pas d'obtenir beaucoup d'indications. Cependant, au vu des éléments dont nous disposons, je pense que nous pourrions avoir affaire à un serial killer. Puis un quatrième corps est retrouvé par un coupeur de cannes, il est aussi en état de décomposition avancée mais n'a pas brûlé. Il nous permet pour la première fois d'identifier l'étrange rituel du tueur. Le 4 juillet, je crée une équipe spéciale chargée de travailler sur cette affaire, à laquelle j'assigne sept de mes enquêteurs, auxquels viennent se joindre les deux inspecteurs de Phoenix qui m'ont transmis les trois dossiers. Mon premier réflexe est de téléphoner à Micki Pistorius, à Pretoria. Elle me conforte tout de suite dans mes hypothèses : il s'agit bien d'un serial killer et il y a très certainement d'autres victimes à découvrir, à la fois dans ces champs de cannes à sucre et peut-être également enfouies dans les pages d'anciens dossiers. Tous les services de police des environs sont alertés. Le 14 juillet, nous répertorions dix cas qui présentent des similitudes : toutes les victimes sont des jeunes femmes noires, retrouvées dans les champs de cannes à sucre, ligotées pareillement aux pieds et aux mains, et on note la présence d'un curieux harnais fabriqué par le tueur autour de la bouche et de la gorge. Toutes ont été étranglées.

« Ce même jour, Micki Pistorius et sa collègue Elmarie Myburgh sont venues nous rejoindre à Durban afin d'établir le profil psychologique du tueur. Pour faciliter la tâche des enquêteurs, je transforme une pièce entière de notre brigade en centre d'opérations. Sur un des murs, nous épinglons des photographies aériennes des lieux, sur un autre, des cartes et sur des panneaux individuels, j'ai punaisé les photos des victimes et des différentes scènes de crime avec toutes les informations nécessaires ; enfin, sur le dernier mur sont affichées des photocopies de tous les articles parus dans la presse, ainsi que le premier portrait-robot d'un suspect potentiel aperçu en compagnie d'une des victimes. Lorsqu'elle se déplace sur les champs de cannes à sucre, Micki Pistorius m'affirme qu'elle est sûre que le tueur possède une sorte de cimetière privé et qu'il y a probablement d'autres cadavres à découvrir. Les 23 et 24 juillet, je fais venir des chiens spécialisés dans de telles recherches et nous trouvons sept corps supplémentaires. Tous sont décomposés, mais à des stades différents. Sur le plus récent d'entre eux, nous pouvons effectuer un prélèvement d'ADN à partir de la salive découverte sur un mégot ; elle appartient à la fois au tueur et à sa victime. Une semaine plus tard, le 1er août, un dix-huitième corps est retrouvé, ce qui nous permet d'identifier de nouveau l'ADN du serial killer qui a laissé du sperme entre les jambes de sa victime. Dans le profil que Micki Pistorius est en train d'écrire, elle indique que l'assassin doit avoir commis des agressions et/ou des viols de femmes, avant de se mettre à les tuer. Du coup, je demande à mes enquêteurs d'examiner tous les anciens dossiers de ce type dans la région, puisque Micki nous assure aussi que le criminel est un habitant du coin. Cela nous permet de restreindre considérablement le champ de nos investigations. Début août, nous effectuons le lien avec une tentative de viol qui s'est déroulée en mars 1996. Le suspect, Sipho Twala, est identifié et il ne nous reste plus qu'à lui mettre la main dessus. Des informateurs du *township* de KwaMashu nous indiquent où se trouve sa hutte. Nous l'arrêtons le 14 août et Micki est chargée de recueillir ses aveux. »

Le profil du tueur

Lorsque Micki Pistorius visite pour la première fois les champs de cannes à sucre, son attitude surprend beaucoup les vétérans de la brigade criminelle de Durban. Elle reste à l'écart des autres et s'installe, immobile, près des différents endroits où six des victimes ont été retrouvées. Son amie et collègue Elmarie Myburgh l'a accompagnée avec le superintendant Alan Alford. Au bout d'un moment, ce dernier n'y tient plus et demande à Elmarie ce que Micki est en train de faire. « Elle médite », répond Elmarie. Alan Alford se contente d'un « oh », avant d'attendre patiemment que Micki ait fini de « méditer ». A peine quelques heures plus tard, Micki Pistorius est déjà sur la même longueur d'ondes que le tueur. Elle le sent qui envahit son esprit : « Je travaille avec des inspecteurs que j'ai formés aux enquêtes sur les serial killers et ce sont des professionnels qui me laissent agir à ma guise sur le lieu du crime. Je cherche des preuves psychologiques sur la scène de crime. Un exemple ? Si un enquêteur ramasse un tas de mégots, il va chercher des traces de salive pour tenter d'identifier l'ADN. Pour moi, il est tout aussi important de savoir combien le tueur a fumé de cigarettes ; s'il en a consommé une dizaine, cela signifie qu'il s'est senti en sécurité et qu'il est peut-être déjà un familier des lieux. Voilà le type d'indice psychologique qui me permet de dresser un profil du tueur.

« Alan Alford de la brigade criminelle de Durban a coutume de dire que je tire plus d'informations à partir d'une scène de crime que n'importe quel autre policier, ce qui est un compliment venant d'un vétéran tel qu'Alan. Sur une scène de crime, je m'assois et j'ouvre mon esprit, sans penser à quoi que ce soit de précis. Pour l'affaire du serial killer de Phoenix, il y avait cette petite fleur qui poussait à l'endroit même où reposait la tête d'une des victimes. Je l'ai regardée en laissant mon esprit vagabonder. Et j'ai été frappée par le vent qui soufflait. Ce même vent soufflait déjà sur la scène de crime de la première affaire que j'avais traitée, celle de l'étrangleur du Cap. A l'époque, je n'y ai pas prêté particulièrement attention. Sur les cas suivants, notamment l'étrangleur de Cleveland, j'ai à nouveau remarqué ce même vent. Et sur toutes les scènes de crime suivantes. Au départ, j'étais très surprise, car je ne comprenais pas ce qui m'arrivait. J'ai pensé qu'il devait exister une explication scientifique à ce phénomène. Je ne pense pas posséder de dons psychiques, mais je sais que certaines personnes peuvent avoir des visions. Je pense qu'au-dessus d'une scène de crime, plane une forme d'énergie qui se dégage, une sorte de vibration d'atomes. Et, apparemment, lorsque mon esprit s'ouvre, j'ai la capacité d'entrer en communication avec cette vibration d'atomes, mais cela ne concerne en rien la victime. L'impression que je ressens au sujet de la victime est un sentiment de paix, comme si Dieu avait pris son âme et mis un terme à ses souffrances. Pour les victimes, c'est fini. Je me concentre surtout sur le tueur et j'entre en communication avec cette vibration. Le processus prend un certain temps, mais ces vibrations, qui se situent désormais dans ma tête, se traduisent en émotions qui, elles-mêmes, deviennent un langage. C'est ce qui se passe dans mon esprit lorsque je dis que j'ai le serial killer dans ma tête. Parfois, quand je raconte ce phénomène, les autres ont tendance à imaginer un phénomène surnaturel, ce qui n'est pas le cas. Pour moi, cette opération a une explication scientifique. Voilà pourquoi j'ai décidé d'étudier ce phénomène qui, à mon avis, ressortit à la physique quantique et à la métaphysique. Comme je n'ai pas fait d'études scientifiques, c'est quelque chose de nouveau pour moi. Si je parviens à en savoir plus, je suis certaine de pouvoir mieux contrôler ce phénomène. J'ignore si cela fera de moi un meilleur *profiler*, mais c'est un élément dont je tiens compte lorsque je dresse un profil. Il y a toujours une équation personnelle, une part de Micki, dans chacun de mes profils.

« Toute cette enquête a été un travail d'équipe. Le *profiler* donne son avis, mais c'est à l'enquêteur de décider s'il va suivre ses conseils. C'est lui qui dirige l'enquête. Il est très important pour le *profiler* de se rendre sur le lieu du crime, car des photographies ne peuvent jamais lui restituer avec exactitude la géographie des lieux. Ainsi, lorsque le superintendant Philip Veldhuizen a fait appel à moi pour l'affaire de Phoenix, il m'a envoyé des clichés aériens des différentes scènes de crime. Par téléphone, je lui ai tout d'abord conseillé de faire fouiller les lieux par des policiers à pied. Mais, une fois sur place, je me suis immédiatement rendu compte de mon erreur : les champs de cannes à sucre étaient trop vastes et celles-ci mesuraient plus de 2,30 m de hauteur. C'était quasiment une jungle impénétrable. Une tâche impossible pour des policiers à pied. En discutant, nous avons décidé d'utiliser des chiens qui nous ont permis de découvrir près d'une dizaine de cadavres supplémentaires. Je ne pense pas que l'on puisse établir un portrait psychologique d'un tueur sans aller sur le lieu du crime. De la même façon, vous ne pouvez pas juger un artiste sans regarder ses peintures. Vous devez vous rendre sur le lieu d'un crime, même si le cadavre a été déplacé et ainsi vous obtenez forcément plus de détails.

« Il est très difficile d'établir un profil à partir d'une seule scène de crime : parfois les indices psychologiques liés à la conduite du tueur ne sont pas assez nombreux. C'est seulement après avoir visité deux ou trois scènes de crime que l'on peut comparer des comportements. Dresser le profil peut prendre deux semaines ou plus, car certains éléments autres que les rapports de police sont souvent longs à obtenir, tels que les tests génétiques ou les photos qui doivent être développées. C'est donc un problème de logistique. Ce processus est aussi très éprouvant, particulièrement lorsque je retourne sur les scènes de crime, car il faut que je replonge dans l'abysse pour retrouver les sentiments que j'y ai ressentis au moment où l'enquête se déroulait.

« Le tueur des champs de cannes à sucre observe un rituel très particulier dans sa façon de tuer et d'attacher ses victimes. D'après ce que j'ai pu établir, il n'a pas besoin de ligoter ses victimes parce qu'elles n'offrent aucune résistance, elles sont déjà inconscientes ou mortes. Mais il les attache quand même, il leur lie les pieds et les mains dans le dos, et ensuite il leur entoure la tête d'un harnais fabriqué à partir d'un bout de leurs vêtements. Puis il prend un morceau de tissu qu'il entortille, il le roule en boule et le leur met dans la bouche, ce qui est inutile. La plupart des victimes ont été retrouvées couchées sur le ventre et je pense qu'il ne veut pas affronter leur regard. Le message est : "Ne me regarde pas." La victime est déjà décédée ou sans connaissance, elle ne peut donc pas crier. Il y a beaucoup de symbolisme dans les actes de ce tueur. Il veut empêcher les femmes de lui parler, il leur attache les mains pour qu'elles ne puissent pas le toucher, il est totalement effrayé par le contact ou la conversation avec les femmes. C'est ce qui m'est apparu sur les scènes de crime.

« Pour établir un profil, je suis certaines recettes. D'abord, je commence avec ce qu'on a recueilli sur le lieu du crime, les indices. Je rassemble tous ces éléments de façon à comprendre le plus de choses possible sur les victimes, même si on ne les a pas identifiées. Ensuite, je m'intéresse aux rapports du médecin légiste : y a-t-il eu des blessures ? quelle est la date du décès ?, etc. Après cela, il faut que je retourne sur le lieu du crime, que les corps soient encore en place ou qu'ils aient été enlevés. Je dois reconstruire ce qui s'est passé. Et c'est seulement quand j'ai réuni tous ces éléments que je commence à rédiger le profil du tueur, qui donne les caractéristiques générales du suspect.

« Pour le cas du tueur des champs de cannes à sucre, j'ai écrit : pour la race, noire d'origine zouloue, car il pratique une méthode particulière de contraception, l'*ukuzoma*. C'est une coutume zouloue selon laquelle il ne faut pas pénétrer une femme quand on lui fait l'amour, on lui attache les jambes pour qu'il n'y ait pas de pénétration, mais c'est surtout destiné à préserver la virginité des femmes, car si le partenaire la déflore, il est mis à l'amende et doit payer les parents par l'octroi d'une tête de bétail. L'âge entre 32 et 40 ans et, en fait, il a 31 ans. Statut marital, il peut être divorcé mais il n'a pas la capacité d'entretenir une relation intime avec une femme, fait qui s'est avéré. Il a eu une petite amie longtemps auparavant. Domicile, il doit bien connaître le coin et habiter probablement les environs. Je pensais qu'il n'avait pas de véhicule et, effectivement, il n'en avait pas. »

Pour définir le profil psychologique du tueur des champs de cannes à sucre, Micki Pistorius ne se fonde pas sur de simples intuitions, mais sur une rigoureuse logique. Le serial killer est un Noir, parce que la région de Phoenix et de KwaMashu est habitée à plus de 90 % par des Noirs. Un Blanc n'aurait pas manqué d'attirer l'attention, s'il avait abordé des jeunes femmes en plein jour ; cette hypothèse est confirmée par deux faits : la première victime de 12 ans a été vue par son amie survivante en compagnie d'un Noir, il est probablement zoulou, à cause de cette curieuse pratique sexuelle qu'est l'*ukuzoma*. Son âge ? Entre 30 et 40 ans, car il est en activité depuis un certain nombre d'années et son fantasme élaboré montre que c'est un homme d'expérience. Il n'est pas marié ou ne vit pas en concubinage, à cause de la haine profonde dont il fait preuve à l'égard des femmes. Celles-ci ne sont que des objets destinés à assouvir ses fantasmes et il a très certainement souffert d'un divorce ou d'une séparation mal vécue. Il est incapable de vivre une relation avec une femme. Il ne supporte pas qu'elles le touchent, le regardent ou lui parlent. Il connaît bien la région et les moindres chemins qui serpentent à travers les champs de cannes à sucre. Il s'agit donc d'une personne vivant sur place. Il n'a très probablement pas d'emploi fixe car ses tendances psychopathiques l'empêchent de vivre honnêtement. Il est possible qu'il ait déjà fait de la prison pour vol. Etant donné son âge, il se peut qu'il ait commis des forfaits plus graves. Le fait de pratiquer l'*ukuzoma* prouve qu'il craint d'être infecté par des maladies sexuellement transmissibles, mais aussi qu'il connaît l'ADN et les prélèvements de sperme. Il veut éviter de laisser des traces, ce qui pourrait indiquer une affaire de viol par le passé. L'agressivité qu'il manifeste à l'encontre des victimes peut également lui avoir valu une inculpation pour coups et blessures. L'homme ne souffre pas de maladie mentale et il est incurable : il n'arrêtera jamais de tuer, sauf s'il est mis sous les verrous. Son apparence est normale, c'est un manipulateur qui sait charmer ses victimes puisqu'elles l'accompagnent jusque dans les champs de cannes à sucre, pour une proposition de travail, peut-être. Il a une grande confiance en lui, car il agit en plein jour. Les jeunes femmes ne suivraient pas un inconnu une fois la nuit venue, les champs de cannes à sucre étant infestés d'animaux inquiétants.

« Lorsqu'une victime est entraînée à l'intérieur des champs, explique Micki Pistorius, cela active le fantasme du tueur. C'est un endroit dangereux pour les victimes et sécurisant pour lui. Ce qui a tout de suite attiré mon attention lors de mes différentes visites sur les lieux, ce sont les feuilles. Quand il marche sur la route, il doit probablement discuter tranquillement avec elles. Mais à partir du moment où il est dans les champs de cannes à sucre, les feuilles se mettent à toucher son visage, leur bruissement bloque toute pensée rationnelle et déclenche son fantasme de tuer. »

Le mode opératoire du serial killer de Phoenix a évolué au fil des crimes, il a expérimenté certaines choses et ses fantasmes se sont développés pour devenir de plus en plus élaborés. La victime est un objet qui doit lui être soumis, d'où l'importance des ligatures. Il ne lui parle pas pendant qu'il commet ses actes sexuels, car la victime n'a plus rien d'humain à ses yeux. Pendant qu'il discute avec elle, le long de la route qui mène aux champs de cannes à sucre, il doit déjà éprouver une très forte excitation, anticiper ses moindres faits et gestes. Dès qu'ils sont parmi les cannes à sucre, il frappe la jeune femme à la tête, avec une pierre ramassée par terre. A deux reprises, les coups sont trop violents et elles meurent, ce qui le déçoit énormément. Voilà pourquoi les deuxième et troisième victimes ne sont pas attachées. Pour lui, le jeu a perdu de sa saveur. Une fois la femme inconsciente, il la déshabille et la retourne face contre terre. Il s'installe à califourchon sur les fesses de la victime et il commence à découper des lanières dans les vêtements, de façon à former des liens. Il attache les mains derrière le dos, puis il se retourne et soulève les pieds pour les ligoter ensemble. Les nœuds sont extrêmement serrés. Il fabrique ensuite l'élément le plus important, le harnais et, surtout, la boule de tissu qu'il va enfoncer au fond de la gorge de sa victime. Pour lui, c'est son œuvre d'art. Il utilise des vêtements ou sous-vêtements de la victime, ou, parfois, de la victime précédente, qu'il aura emportés chez lui, avant de les plier avec soin, de les mastiquer, de manière à former une boule « parfaite ». Il installe la boule et le harnais, avant de défaire son pantalon et d'avoir un orgasme entre les cuisses serrées de la jeune femme. Il cherche à éjaculer pendant qu'il est en train de l'étrangler. Son fantasme atteint sa plénitude lorsqu'il jouit à l'instant même où elle pousse son dernier soupir. De retour chez lui, il va souvent manipuler les vêtements de ses victimes, fabriquer des liens et des nœuds qui le poussent à se masturber. Il garde peut-être des nœuds dans sa poche qu'il aime toucher à tout moment. Il n'a pas besoin de revenir sur les lieux de ses crimes pour se satisfaire sexuellement auprès des cadavres, car de nouvelles victimes sont facilement disponibles : il n'a que l'embarras du choix.

A partir de la mi-juillet, une partie du profil psychologique établi par Micki Pistorius est communiquée à la presse qui en fait la Une de journaux. Bien que toute la population locale soit avertie du danger de suivre un inconnu dans les champs de cannes à sucre, le serial killer continue à frapper, ce qui montre sa capacité à manipuler les victimes et son extrême arrogance. Il se croit supérieur aux policiers qui le traquent. Début août, le suspect, Sipho Twala, est identifié grâce à une comparaison de son ADN avec un viol commis en mars 1996, où les preuves n'avaient pas été suffisantes pour l'arrêter. Les policiers de la brigade criminelle de Durban activent leurs indicateurs de Phoenix et de KwaMashu pour localiser l'individu, ce qui n'est pas une tâche aisée. Ces bidonvilles, qui n'ont ni eau courante ni électricité, se composent d'un véritable enchevêtrement de huttes et de cases construites avec de l'argile et de la tôle ondulée. Il n'y a pas de rues, juste des chemins de terre qui serpentent entre les maisons qui n'ont évidemment pas d'adresse. Si vous cherchez la cabane de Sipho Twala, on vous dit par exemple qu'il habite la cinquième maison sur la droite après l'épicier. Après une première tentative erronée, car ce n'est pas le bon Twala, les policiers de Phoenix repèrent le serial killer qui vit à KwaMashu en compagnie de sa mère et de sa sœur.

La nuit du 13 au 14 août, il est près de trois heures du matin lorsqu'un groupe d'intervention lourdement armé se dirige en silence entre les cabanes du *township*. Elmarie Myburgh et Micki Pistorius, vêtues de gilets pare-balles et munies de fusils semi-automatiques, accompagnent les membres de la Crim de Durban. KwaMashu a très mauvaise réputation, car de nombreux criminels s'y réfugient pour échapper aux recherches, et les policiers sont très nerveux. L'obscurité est totale et c'est à peine si la lueur des torches troue les ténèbres. C'est la première fois que Micki Pistorius participe directement à l'arrestation d'un serial killer qu'elle a identifié. Çà et là, des aboiements de chiens errants troublent le silence. Il n'y a personne dehors, à l'exception des policiers. Alan Alford, Philip Veldhuizen et deux de leurs hommes frappent à la porte, ils ont dégainé leurs armes. Un individu au visage rond d'une trentaine d'années leur ouvre, il cligne les yeux sous l'éclat des lampes-torches. Lorsqu'on lui demande s'il est Sipho Agmatir Twala, il répond : « C'est moi. » Quand Micki arrive à son tour, l'homme est assis, menotté, devant la hutte. Il n'a opposé aucune résistance. Les policiers se félicitent mutuellement et se distribuent de grandes claques dans le dos. Certains poussent des cris de joie. Petit à petit, KwaMashu s'éveille devant le bruit ambiant et la lueur des projecteurs qui sont installés avec leurs générateurs. Des villageois commencent à s'assembler devant la maison de Twala. Quand on leur apprend l'arrestation du tueur des champs de cannes à sucre, ils montrent leur satisfaction et remercient les policiers. La foule n'est pas du tout hostile.

Micki Pistorius pénètre à l'intérieur de la hutte de Sipho Twala, elle visite rapidement les trois pièces pour se focaliser sur la chambre du tueur. Le sol est en terre. Un matelas est posé à même le sol. Elle remarque des montres de femme près du lit. Des bouts de tissu aux nœuds caractéristiques se trouvent un peu partout, y compris fixés à des cannes à sucre devant la maison. Un nombre impressionnant de vêtements féminins sont accrochés à une poutre sur un des murs, ainsi que plusieurs parapluies. Depuis le seuil de la porte d'entrée, le serial killer peut avoir une vue d'ensemble des champs de cannes à sucre et fantasmer ainsi à loisir sur son cimetière privé. Sipho Twala est emmené chez un médecin pour effectuer des prélèvements sanguins, en vue d'établir son empreinte génétique, et un constat officiel, devenu maintenant indispensable afin d'attester l'absence de coups, car de nombreux suspects déclarent pendant leur procès avoir été tabassés par les policiers lors de leur arrestation. Pendant ce temps, Philip Veldhuizen et ses hommes poursuivent la fouille des lieux. Le superintendant demande à Micki Pistorius et à Elmarie Myburgh d'emmener la mère et la sœur de Sipho Twala pour les interroger.

Il est environ cinq heures du matin lorsque la jeune femme commence à questionner la mère avec l'aide d'un interprète, car elle ne parle que le zoulou, tandis qu'Elmarie parle à la sœur. Elles doivent fournir aux enquêteurs le plus d'informations possible sur la personnalité du tueur, afin de mieux préparer son interrogatoire.

« Avant de parler à ses proches, nous savons fort peu de chose sur Sipho Twala, explique Micki Pistorius. Il faut qu'on établisse une relation de confiance avec lui, pour lui montrer que nous le connaissons en tant que personne. Avec Elmarie, nous confrontons nos deux entretiens qui concordent sur la plupart des points. Sipho vient d'un milieu rural. Il n'a pas connu son père et son beau-père l'a abandonné alors qu'il était encore enfant. La mère est la figure dominante de la famille, mais, apparemment, il n'y a pas une grande affection entre elle et son fils. Le beau-père fait preuve d'une grande agressivité vis-à-vis de Sipho, et sa mère doit aussi le discipliner. C'est un garçon intelligent, même s'il n'a pas beaucoup d'éducation. Il commence à travailler dès l'adolescence, toute une série de petits boulots. Il voyage un peu, en tant que conducteur de camion, mais ne garde jamais longtemps un emploi. A un moment donné, Sipho vit en compagnie d'une jeune femme qui attend un enfant de lui. Elle avorte sans le prévenir et, selon les dires de ses proches, cet événement lui brise le cœur. C'est un être calme et solitaire qui a du mal à nouer des relations en groupe ; quand on lui parle, il n'est pas agressif, mais très introverti. Il s'exprime plus facilement face à un interlocuteur unique. Son attitude change vis-à-vis de ses proches, après ce qu'il considère comme l'assassinat de son fils. Sa sœur et sa mère ont peur de lui car, sous des apparences calmes, il peut brusquement entrer dans d'effroyables colères. La plupart du temps, elles le laissent tranquille sans lui poser de questions, même quand elles s'aperçoivent qu'il collectionne de nombreux vêtements féminins. Il peut ainsi agir à sa guise. Elles ne font rien qui puisse l'irriter ou le mettre en colère. Il n'a aucun ami proche et ses voisins ne paraissent guère surpris lors de son arrestation, même s'ils ne le connaissent pas très bien à cause de son tempérament de solitaire. Lors des différentes réunions sociales de la communauté zouloue, le dimanche par exemple, Sipho Twala se tient toujours à l'écart. S'il est présent au sein d'un groupe, il ne joue jamais aucun rôle actif. La nuit de son arrestation, certains nous déclarent même qu'ils avaient prévu de le dénoncer la semaine suivante comme suspect potentiel. Heureusement, nous l'avons arrêté car en une semaine un tueur de son calibre aurait pu commettre de nouveaux crimes. »

L'interrogatoire du suspect

Il est environ dix heures du matin lorsque le superintendant Philip Veldhuizen demande à Micki Pistorius d'interroger pour la première fois Sipho Twala.

« Je ne m'attendais pas à ce que Philip me charge du premier interrogatoire du suspect et, après l'avoir averti de nouveau de ses droits, je reste seule en sa compagnie, avec un policier interprète. Nous fumons une cigarette en silence, tout en échangeant des regards. Ses yeux sont inquiets, presque ceux d'un animal traqué et ils me pénètrent jusqu'au fond de l'âme. Je *sais* qui il est, et lui aussi *sait* qui je suis. Je lui explique que je suis un policier psychologue, un docteur de l'âme et de l'esprit. Je demande s'il comprend et il hoche la tête en signe d'acquiescement. Je lui dis que je vais lui raconter une histoire.

« Je commence à dépeindre ses fantasmes sexuels dans leurs détails les plus intimes. J'utilise la troisième personne du singulier : “Un homme marche le long de la route, près des champs de cannes à sucre. Il aperçoit une femme et il ressent le besoin de lui faire du mal. Ils partent ensemble et, pendant qu'il lui parle, il tripote des bouts de tissu dans sa poche. Ils arrivent près des cannes à sucre. L'homme entend le bruit des feuilles. Il ne pense plus qu'à une seule chose, etc." Sipho Twala m'écoute en silence, sans m'interrompre. Au bout d'un quart d'heure, après avoir terminé mon récit, je lui demande si j'ai bien lu dans son cœur et dans son esprit. Il me regarde droit dans les yeux et hoche la tête. "Est-ce que tu reconnais cet homme? — C'est moi, répond-il. Je suis l'homme de cette histoire. J'ai tué toutes ces femmes dans les champs de cannes à sucre." Il y a juste un ou deux points où il n'est pas d'accord avec moi. Il a assassiné toutes ces victimes parce qu'elles lui rappelaient la jeune femme qui lui a "brisé le cœur" en avortant. Il leur mettait un bâillon, car les mots qui étaient sortis de la bouche de cette ex-compagne lui avaient "brisé le cœur", et il voulait donc les empêcher de parler.

« A cet instant, j'interromps notre conversation, car c'est au tour de Philip de recueillir sa déposition de manière officielle. Je demande à Sipho Twala s'il est d'accord pour raconter son histoire au superintendant, il accepte. C'est en ce sens que nous travaillons véritablement en équipe. Mon rôle est de questionner le suspect en tant que personne, mais je ne lui pose pas de questions précises sur ses crimes. Je vais chercher Philip qui nous a rejoints en compagnie d'Elmarie. Avec elle, nous restons assises près du bureau, je prends des notes et Elmarie observe le langage corporel du suspect, installé près de la porte de la salle avec Philip et l'interprète. Même si Philip se concentre sur Sipho Twala, il reste en contact visuel permanent avec nous, de façon à interpréter les signaux que nous lui adressons de temps en temps. Philip écoute le contenu et nous, le contexte. C'est très difficile pour une seule personne de faire ces deux choses en même temps. Voilà pourquoi j'insiste toujours sur la notion de travail d'équipe, qu'il s'agisse de l'enquête, de l'établissement du profil psychologique ou de l'interrogatoire du suspect. »

« Sipho Twala confirme ses aveux à Micki en ma présence, raconte le superintendant Veldhuizen. Outre des détails précis sur chacun de ses forfaits, il donne un certain nombre d'informations intéressantes, notamment sa présence sur l'une des scènes de crime où il s'est mêlé à la foule des badauds pour observer le travail des enquêteurs lors de la découverte du corps de la onzième victime. Il m'indique que les cadavres étaient tous laissés près de la route et proches les uns des autres, afin qu'ils puissent être rapidement trouvés et enterrés. Il souhaitait arrêter de tuer, mais il ne pouvait pas résister à ses pulsions meurtrières. Au cours de notre enquête, il nous apparaît évident que le suspect est fasciné par les nœuds et les ligatures. J'ai sur moi un bout de ficelle rose qui sert d'habitude à attacher des dossiers entre eux, et je me mets volontairement à jouer avec pour observer les réactions de Sipho Twala. En regardant son comportement, nous comprenons que nous venons de toucher un point sensible de cet individu. Je lui demande donc de me montrer comment il utilise cette ficelle sur les gens, ce qu'il fait en attachant l'interprète. »

Micki Pistorius se souvient très bien de cet instant capital de l'interrogatoire : « Il était complètement subjugué par ce bout de ficelle rose. Il n'écoutait même plus les paroles de Philip et regardait fixement ses mains. On voyait qu'il avait une érection importante. Cela fait partie de notre travail de psychologue d'observer ce qui se passe et de faire signe à Philip pour attirer son attention. Nous ne lui avons pas demandé de donner la ficelle au suspect, mais il est suffisamment intuitif pour comprendre. Grâce à ce petit incident, nous avons pu, lors du procès, expliquer comment il avait attaché l'interprète et son mode opératoire qui reliait les différents crimes entre eux. Dès qu'il a eu cette cordelette entre les mains, son comportement a totalement changé. Une transformation extraordinaire s'est opérée sous nos yeux. Désormais, c'était Sipho Twala, le professionnel, qui détenait le pouvoir. Il a pris énormément de plaisir à nous faire une démonstration. Il a ordonné à l'interprète de s'allonger par terre, pour lui attacher les mains et les pieds. Puis il nous a expliqué comment il formait la boule et installait le harnais autour du cou de sa victime. Quand il a fait cela, j'ai constaté que l'interprète s'inquiétait quelque peu. Sipho Twala avait effectué une inversion des rôles. Au début, il était le suspect et les enquêteurs se trouvaient en position de force, mais, dès l'instant où la situation a changé, il est devenu l'expert qui maîtrisait la scène et ses acteurs. Le lendemain, ses aveux étaient confirmés sur le terrain lorsqu'il a indiqué aux policiers tous les endroits où il avait commis ses crimes, sans se tromper une seule fois.

« Suite à cet interrogatoire de Sipho Twala, je n'ai pas eu la possibilité de me reposer. Plusieurs autres serial killers sévissaient dans différentes régions du pays. Quand un cas est réglé, il y en a toujours un autre pour apparaître. Il n'y a jamais de répit entre deux affaires. J'en suis au point où je ne les compte plus. Il y a un flux permanent d'énergie négative. Toujours. Au cœur de l'abysse, il y a un grand nombre de tueurs tapis. On ne les voit pas vraiment, mais on les trouve au sein des ténèbres. Je les associe à des signes distinctifs. Le serial killer de Nasrec est comme le cœur écarlate d'un feu très dangereux et maléfique, quelque chose d'un rouge flamboyant. C'est comme cela que je le perçois. Il est resté inactif pendant deux à trois ans, au point que j'ai cru un moment qu'il était mort. Il faut dire que je m'investis tellement sur une affaire en cours que j'ai parfois tendance à ignorer ceux qui sont en sommeil. Et un jour, ils refont surface et il faut que je parvienne à les identifier parmi tous les autres. C'est très déroutant. Dès qu'un serial killer est arrêté, je peux le *quitter*. L'interroger, c'est plonger dans l'abysse, pour l'identifier, le prendre par la main et le remonter à la surface. Dès qu'il commence à avouer ses crimes, comme cela a été le cas pour Sipho Twala, nous émergeons de l'abysse. C'est aussi le moment où je dois troquer mon rôle de psychologue pour celui de policier. Si tout fonctionne au mieux, l'inspecteur est là pour m'attraper à l'instant où j'émerge. Et c'est à lui de jouer. D'habitude, je pars à ce moment-là. Il nous faut échanger nos rôles. L'inspecteur pose des questions au sujet des meurtres, moi, non. Quelquefois, les tueurs avouent d'eux-mêmes et je les confie aux policiers, car mon travail s'arrête là. Je les fais remonter à la surface, mais je ne suis pas responsable s'ils replongent. Ma responsabilité n'est pas de sauver leurs âmes. Dieu s'en occupera, ce n'est pas de mon ressort. Au moment du procès, je suis toujours en bons termes avec eux, parfois ils me saluent et bavardent avec moi, quoique, la plupart du temps, ils m'ignorent. Une fois en prison, il est arrivé à un ou deux tueurs de m'écrire une lettre. Je ne veux pas leur répondre, car je ne les considère pas comme des amis et je ne ressens pas la nécessité d'entretenir des liens avec eux. J'ai fait mon travail, ils ont été arrêtés et mis à l'écart de la société. Point final. »

Le tueur des champs de cannes à sucre de Phoenix est identifié et arrêté en un temps record de six semaines, depuis le moment où la brigade criminelle de Durban s'est vu notifier l'affaire. Le profil psychologique de Micki Pistorius s'est révélé exact à près de 100 % : elle s'est juste trompée sur le degré d'éducation de Sipho Twala. Mais pour la jeune femme, le prix à payer pour ce succès est très élevé.

Partager les fantasmes d'un serial killer n'est pas chose facile et, pendant les trois semaines suivantes, Micki Pistorius a vécu de terribles cauchemars qui l'ont épuisée moralement et physiquement. Elle a gardé Sipho Twala dans sa tête, elle a entendu ses pensées, et ce stress a fini par la rendre malade. Elle a été obligée de prendre un congé d'une semaine. Depuis 1994, c'était la première fois qu'elle s'accordait un répit dans la mission qu'on lui a confiée.

En mars 1999, Sipho Twala est condamné pour 3 viols et 7 tentatives, 16 assassinats et une tentative de meurtre, soit une peine cumulée de 513 années de prison. Il n'exprime aucun remords pour ses victimes et il passera le reste de son existence derrière les barreaux, sans aucune possibilité de libération conditionnelle.

CHAPITRE V

Le tueur et son ombre

En septembre 1994, cela fait quatre mois que pour la première fois l'ensemble des Sud-Africains ont pu participer à des élections libres, marquant ainsi la fin de l'Apartheid. Plusieurs mois s'écoulent encore avant que la *South African Police Force* ne devienne officiellement le SAPS, le *South African Police Service*, pour passer d'un fonctionnement quasi militaire à un service public.

Le 3 septembre, le corps d'une femme noire est découvert dans des fourrés proches de la gare de Jupiter, près de Heriotdale, à Cleveland, une banlieue industrielle de Johannesburg, essentiellement peuplée de Noirs. Le 7 septembre, un deuxième cadavre est trouvé à proximité de l'une des larges autoroutes qui sillonnent la métropole, non loin de Heriotdale. Le même jour, des promeneurs qui fouillent dans une décharge minière tombent sur une troisième victime. Aucune ne possède de papiers d'identité, elles ont toutes été violées et partiellement dénudées, avant d'être étranglées. Malgré de nombreux appels à témoins dans les médias, la police a beaucoup de mal à mettre un nom sur ces femmes. Certains journalistes n'hésitent pas à parler de l'existence d'un serial killer. La direction centrale de la police sud-africaine confie ces trois affaires aux enquêteurs du *Brixton Murder and Robbery Unit*. Quelques jours plus tard, ces policiers font le lien avec deux autres cas de femmes victimes de strangulation dont les corps ont été découverts les 16 et 31 juillet 1994. Celle du 16 juillet est identifiée le 10 novembre suivant comme étant Maria Monamu, une étudiante de Pretoria âgée de 19 ans. A l'intérieur de la cuisse droite, le meurtrier a écrit à l'encre noire : *She a beach* (« C'est une salope », avec une faute d'orthographe : *beach* au lieu de *bitch*) et *I am not fighting with you please* (« Je ne cherche pas à me battre avec vous ») ; sur l'autre cuisse, on peut lire : « Nous devons rester ici aussi longtemps que vous ne comprendrez pas. » Le 12 septembre, une conférence de presse officialise la présence d'un tueur en série à Cleveland.

Une semaine plus tard, un sixième corps est trouvé près d'une autre décharge minière de Heriotdale. La jupe est remontée sur les hanches et l'assassin a recouvert le visage avec le pull de la victime. Les enquêteurs sont très surpris qu'aucune de ces six femmes n'ait fait l'objet d'un avis de disparition car elles ont toutes été découvertes dans un rayon de cinq kilomètres. Le 21 septembre 1994, une opération de grande envergure est mise sur pied. Un hélicoptère survole Cleveland et Heriotdale, cent cinquante policiers sont mobilisés, ainsi que deux chiens spécialisés dans la recherche de cadavres. Deux nouveaux corps en état de décomposition avancée portent le nombre des victimes à huit, toutes âgées de 23 à 30 ans. Près de ces deux derniers cadavres, les forces de l'ordre remarquent de nombreux sous-vêtements féminins. Ces femmes ont été étranglées avec leur ceinture ou leur lingerie.

Ce même jour, l'inconnue découverte le 31 juillet est identifiée comme étant Hermina Papenfus, une infirmière de 25 ans qui est formellement reconnue par son mari. Le 23 septembre, les policiers intensifient leurs recherches dans la région de Cleveland. Ils récupèrent une paire de sandales féminines, un chemisier ensanglanté et une pierre tachée de sang. Cette chemise est découverte dans des buissons bordant un sentier qui serpente entre différentes usines de cette zone industrielle sinistre. D'après les premières constatations, elle pourrait appartenir à la cinquième ou sixième victime.

La toute première femme à avoir été retrouvée par la police près de la gare de Jupiter, le 3 septembre 1994, est finalement identifiée par son père le 26 septembre. Il s'agit de Ntombi Maria Makhasi, 23 ans, qui vit à Orlando West, à Soweto, un des *townships* de Johannesburg. Elle faisait des études pour devenir modiste et ses camarades de classe déclarent qu'elle n'est pas venue à l'école le 2 septembre parce qu'elle envisageait de rendre visite à sa mère malade dans le KwaZulu-Natal. Pour se déplacer la jeune étudiante utilise fréquemment les taxis collectifs, tout comme Hermina Papenfus, la seule autre victime identifiée à ce stade de l'enquête. Ces taxis sont des minibus transformés pour transporter un grand nombre de personnes, principalement la population noire pauvre qui ne peut pas se permettre l'achat d'un véhicule. Souvent en mauvais état, ces taxis provoquent de nombreux accidents de la route en Afrique du Sud, sans compter la rivalité, souvent sanglante, entre les différentes compagnies.

La pression médiatique devient importante et au quartier général de la police sud-africaine, à Pretoria, le *Brigadier general* Suiker Britz, qui dirige toutes les brigades criminelles du pays, décide de visiter les neuf scènes de crime en compagnie de Micki Pistorius dont les services sont « proposés » aux enquêteurs locaux. Cette décision contrarie fortement le commandant du *Brixton Murder and Robbery Unit*, le colonel Van Dyk Kruger, un policier de l'ancienne école proche de la retraite, qui manifeste ouvertement son mécontentement. Même si les corps ne sont plus en place, Micki Pistorius tient à s'imprégner de l'atmosphère des lieux. Le 28 septembre, elle note avec effarement que les enquêteurs locaux ont parfois fait preuve de négligence. Pour la cinquième victime, découverte le 7 septembre, la jeune psychologue remarque un tampon hygiénique ensanglanté qui n'a pas été emporté. Cet indice est important car cette femme non identifiée a déjà été enterrée sans que les policiers locaux aient pensé à prélever son ADN. Fort heureusement, le tampon permet de réparer cette bourde. En visitant l'endroit où la septième victime, Daphne Papo, a été assassinée le 9 septembre et trouvée douze jours plus tard, le commandant du commissariat de Brixton explique que, cette fois-ci, il a veillé en personne à ratisser la scène de crime. Mais, de nouveau, Micki Pistorius lui inflige un terrible camouflet lorsqu'en grattant le sol elle met au jour un préservatif usagé qui a peut-être appartenu au meurtrier. A cet instant, Micki se rend compte qu'elle s'est fait un ennemi et qu'elle pourra difficilement compter sur la coopération des autorités policières de Brixton.

Il y a de nombreuses similitudes entre toutes ces affaires : les victimes sont toutes des femmes noires qui ont été violées et étranglées avec leurs propres vêtements ou ceintures, elles ont été retrouvées nues ou partiellement dévêtues, aucune n'est une prostituée et elles avaient toutes une occupation – un emploi ou des études. Sur l'un des corps, l'assassin a placé les bijoux de la victime. Pour le Dr Pistorius, le tueur en série est un individu très arrogant. Le 31 juillet, le corps de Hermina Papenfus est découvert à un certain endroit. Le 3 septembre, Ntombi Makhasi est déposée à la même place et, le 19 septembre, un troisième cadavre est trouvé sur ce même lieu. Lorsque Micki Pistorius s'en rend compte, il est trop tard pour mettre le lieu sous surveillance policière car les médias ont révélé qu'un groupe spécial d'enquêteurs a été formé. Du coup, le meurtrier a changé son fusil d'épaule et choisi un nouveau lieu pour se débarrasser de ses victimes. Cette opportunité de piéger le serial killer est aussi gâchée aux Etats-Unis lors des premiers crimes du *Green River Killer*. Les tueurs en série ont souvent un cimetière privé qu'ils gardent jalousement secret pour pouvoir y retourner à loisir. Cela a été le cas pour des tueurs à tendances nécrophiles tels que Ted Bundy, Gerard Schaefer, Gary Ridgway ou Stewart Wilken.

Dans son profil du tueur, Micki Pistorius dresse le portrait d'un homme de race noire âgé de 25 à 30 ans. Il présente bien, est habillé avec soin, probablement charmant et se déplace au volant d'un véhicule luxueux. Elle estime que le statut social des différentes victimes les a poussées à suivre quelqu'un qui donne l'apparence d'avoir réussi dans la vie. Il est très certainement marié et possède un casier judiciaire marqué par des affaires d'escroquerie ou de vol. C'est un individu qui lit les journaux pour se tenir au courant des développements de l'affaire. Apparemment, il préfère tuer le vendredi soir, ce qui semble suggérer qu'il travaille pendant le reste de la semaine. Il éprouve bien évidemment de la haine et de la colère vis-à-vis des femmes, étant donné la nature de ses meurtres. Une femme en particulier lui a causé du tort, et c'est peut-être l'élément déclencheur de son passage à l'acte. Il ressent un besoin évident d'extérioriser cette colère, ce qui se manifeste par le message écrit sur les cuisses de sa première victime connue. Pour Micki, il a recours à l'écriture parce qu'il a peut-être des difficultés à s'exprimer par la parole. Elle suggère qu'il pourrait être bègue ou avoir un défaut de prononciation. Mais elle ne se sent pas à l'aise avec ce profil du tueur car ce défaut de parole est en contradiction avec le portrait d'un homme qui charme ses victimes.

Début octobre 1994, les enquêteurs tentent toujours d'identifier six des femmes assassinées. Le 7 octobre, un nouveau corps est découvert près de la gare de Geldenhuis, sur la même ligne que celle de Cleveland, qui est l'arrêt suivant. Peggy Bodile, 30 ans, a été violée puis étranglée avec sa petite culotte et le tueur lui a enfoncé des morceaux de vêtements dans la bouche. Trois jours plus tard, des investigations mettent au jour deux autres meurtres dont les cadavres ont été trouvés près de la gare de Geldenhuis, le 6 août et le 3 septembre. Le mode opératoire est similaire.

Le 13 octobre 1994, le commandant du commissariat de Brixton convoque la presse pour une conférence. Il adresse un message au serial killer : « Nous sommes à vos trousses. Tôt ou tard, nous allons vous arrêter. Nous savons que vous avez besoin d'aide et des spécialistes sont à nos côtés pour vous écouter. Laissez-nous vous aider avant que les choses n'empirent. Appelez avant qu'il ne soit trop tard. » La police annonce qu'une récompense de 30 000 euros est offerte pour tout renseignement qui entraînerait l'arrestation du tueur. Un appel à témoins solennel est lancé pour permettre l'identification des victimes. Pendant cette conférence de presse, Micki Pistorius transmet certains éléments de son profil psychologique : « Il a l'impression d'être déjà mort. Il pense probablement à la mort en permanence. Il fantasme sur chacun de ses meurtres et il tente de commettre le crime parfait car il a cette pulsion qui le pousse à tuer, mais il est incapable de la comprendre. Tuer est le seul moyen qu'il a d'exprimer ses sentiments et d'affirmer son identité. Il ne pourra pas s'arrêter de tuer. »

L'appel à témoins porte ses fruits. Quatre jours plus tard, un homme reconnaît sa fille parmi les photos publiées des victimes. Amanda Kefobile Thethe a 26 ans lorsqu'elle quitte le domicile de ses parents le matin du 2 août pour enseigner à Soshanguve, près de Pretoria. Son cadavre est découvert le 6 août. Dans une interview publiée le 20 octobre, la tante d'Amanda raconte les difficultés rencontrées par la famille pour signaler aux autorités la disparition de la jeune femme. Le 9 août, ils se sont rendus au commissariat de John Vorster Plain, à Johannesburg, où on leur signifie qu'il est impossible de déposer une plainte par manque de formulaire papier. Les agents les adressent au commissariat de Krugersdorp où ils remplissent les papiers nécessaires. Une semaine plus tard, lorsqu'ils viennent s'enquérir des progrès de l'enquête, les policiers leur apprennent que le dossier a été égaré.

Malesu Betty Phalahadi, 25 ans, est également reconnue par ses parents. Elle disparaît le 2 août, le même jour que Ntombi Makhasi. Les deux femmes sont découvertes le lendemain, toutes les deux près d'une gare, Jupiter pour l'une et Geldenhuis pour l'autre. Jusqu'à présent, toutes les victimes ont été déposées dans des endroits très proches les uns des autres, mais les enquêteurs se posent des questions sur d'autres affaires. Le 19 août et le 7 octobre, le gardien d'un troupeau situé à l'ouest de Pretoria trouve deux femmes partiellement dévêtues et non identifiées qui ont été étranglées à l'aide de leurs bas. Certaines des femmes tuées à Cleveland étaient originaires de Pretoria ou y habitaient. La capitale de l'Afrique du Sud se situe à une soixantaine de kilomètres de Johannesburg et de la banlieue industrielle de Cleveland. Ce qui renforce encore l'hypothèse avancée par Micki Pistorius d'un tueur en série motorisé.

Douze jours après la publication par les journaux des portraits des femmes non identifiées, deux nouvelles victimes sont reconnues par leurs proches. Dikeledi Daphne Papo, 28 ans, sans emploi au moment de sa disparition, avait été découverte le 21 septembre à Heriotdale. Dorah Mokoena, 25 ans, était employée d'un péage autoroutier près de Pretoria lorsqu'elle disparaît le 9 septembre au matin. Son cadavre est localisé le 21 septembre à Heriotdale.

Plusieurs proches des victimes reçoivent des appels anonymes étranges. Par exemple, trois jours après la disparition de Dorah Mokoena, un homme téléphone à son patron pour annoncer qu'elle a été victime d'un accident et ne pourra pas reprendre son travail. Il lui demande de verser son complément de salaire sur son compte, prétextant qu'elle est hospitalisée et qu'elle a un besoin urgent de cet argent. Quand l'employeur s'enquiert de l'identité de cet interlocuteur, l'inconnu reste silencieux un long moment avant d'indiquer qu'il s'appelle « Martin ». Dans le cas de Joyce Mashabela, 32 ans, qui disparaît le 9 août lorsqu'elle prend un taxi pour rejoindre sa sœur et dont le cadavre est trouvé le 19 août, un certain « Moses Sima » téléphone à son patron pour signaler qu'il a ramassé les papiers d'identité de la jeune femme dans un champ en se rendant à pied à son travail. Il laisse un téléphone et une adresse. Des membres de la famille de Joyce récupèrent les papiers et « Moses Sima » leur répète son récit. Si son rôle s'est limité à cette découverte des documents, comment a-t-il pu connaître les coordonnées téléphoniques de la disparue ?

L'identification de Refilwe Mokale le 2 novembre représente un moment important de l'enquête. La jeune femme de 24 ans, qui poursuit des études pour devenir dessinatrice de mode à Pretoria, disparaît le 5 septembre avant d'être retrouvée morte deux jours plus tard à Heriotdale. Le jour qui précède sa disparition, des témoins l'aperçoivent en train de discuter avec un homme qui lui propose de vendre des téléphones portables. Apparemment, ils conviennent tous les deux d'un rendez-vous pour le lendemain. Mais personne ne la revoit vivante après cette date. Plusieurs autres témoignages de femmes qui se sont vu offrir un emploi par cet homme permettent aux policiers d'établir un portrait-robot. L'inconnu âgé de 25 à 30 ans présente bien et parle couramment le zoulou. Les médias publient son portrait-robot le 10 novembre.

Une semaine plus tard, les enquêteurs parviennent à identifier ce suspect. David Abraham Selepe, 31 ans, habite une maison à Boksburg, dans la banlieue de Johannesburg, qui se situe à environ vingt kilomètres de Cleveland. Il possède un institut privé d'enseignement de l'informatique qui comprend presque exclusivement de jeunes étudiantes, le *Vision English Girls College*, pour lequel il loue des bureaux à Pretoria. Un lien est ainsi effectué entre les deux villes. Comme Micki Pistorius l'avait prédit, Selepe conduit une Mercedes. Mais il a plusieurs mois de retard dans le remboursement de son crédit automobile qui est enregistré au nom d'une femme. Il doit aussi de l'argent pour le loyer et l'électricité de son établissement et ses quatre employés n'ont pas touché leur dernier salaire. Selon ses dires, David Selepe est parti à l'étranger pour trouver de l'argent à investir dans son entreprise. Il est marié mais vit séparé de son épouse qui ne le voit que très rarement. De nombreux témoins le décrivent comme un homme à femmes, toujours habillé de vêtements coûteux, et il a plusieurs amis proches qui possèdent des taxis. Une femme qui l'identifie après la publication de son portrait-robot affirme à la police qu'il lui a proposé du travail. Quand elle l'a rencontré, Selepe aurait tenté de la violer.

Fin novembre, les policiers sud-africains n'ont toujours pas réussi à mettre la main sur le suspect et ils décident d'étendre leurs recherches aux Etats voisins. La démarche porte ses fruits le 15 décembre 1994 avec l'arrestation de David Selepe à Maputo, la capitale du Mozambique voisin. Il est au volant de sa Mercedes qu'il cherche à revendre pour subvenir à ses besoins de fugitif. Dans le coffre du véhicule, on trouve de nombreuses coupures de presse relatant les meurtres en série de Cleveland, ainsi que des empreintes de pied qui suggèrent qu'une personne a été enfermée à l'intérieur. Le jour même, Selepe est transféré en Afrique du Sud et enfermé dans une cellule du commissariat de Brixton. Le lendemain, le vendredi 16 décembre, est un jour férié en Afrique du Sud, ce qui donne aux policiers tout le temps nécessaire pour interroger le présumé meurtrier durant le long week-end qui suit. A un moment donné, il reconnaît avoir tué quinze femmes dans la région de Cleveland – soit quatre de plus que le nombre connu jusqu'alors. Par contre, Selepe refuse de signer une confession écrite de ses meurtres. On ne le questionne pas sur les deux meurtres perpétrés à Pretoria. Dans son aveu oral, il cite le nom de deux hommes « qui pourraient être utiles aux investigations », et il accepte de guider les policiers jusqu'aux différents sites où il a déposé les cadavres.

Le samedi 17 décembre, après avoir mené les enquêteurs sur trois scènes de crime, Selepe pointe du doigt quatre nouveaux sites, inconnus des policiers. Le lendemain, pendant que les visites se poursuivent à l'endroit où Amanda Thethe a été retrouvée le 6 août, un désastre se produit.

David Selepe est accompagné par trois inspecteurs, Joseph du Toit, Felix Tiedt et Timothy Mngomozulu. Il est entravé aux chevilles et aux poignets, mais le terrain proche de la gare de Geldenhuis est très accidenté, et les policiers craignent que le suspect ne se blesse. Si tel était le cas, ils pourraient être accusés de brutalités policières pour avoir extorqué des aveux par la force. A l'époque, la police sud-africaine sort à peine du régime de l'Apartheid où il était coutumier de frapper et de torturer des prisonniers noirs. Pendant de très nombreuses années, il est habituel de photographier en petite tenue, de face et de dos, les suspects qui sont passés aux aveux afin de contrecarrer d'éventuelles accusations de maltraitance lors des procès qui s'ensuivent. On lui retire les chaînes des pieds. Selepe se propose de montrer où il a caché un sac plastique qui contient les sous-vêtements de la victime. Pour y parvenir, les agents lui enlèvent aussi les menottes afin qu'il puisse se glisser sous d'épais buissons épineux. Lorsque Felix Tiedt se penche pour récupérer le sac, il est frappé dans le dos avec une lourde branche d'arbre. Il entend son collègue Timothy Mngomozulu s'exclamer : « Stop ! Stop ! » Puis un bref coup de feu claque. Selepe est touché à la tête et il meurt à dix-sept heures lors de son transfert à l'hôpital central de Johannesburg.

Cette mort entache une enquête de longue haleine qui a nécessité plus de 30 000 heures de travail et quelque 6 000 appels téléphoniques, des chiffres cités dans le journal *Beeld*, et qui a été rondement menée depuis la publication du profil psychologique de Micki Pistorius. Il a fallu trois mois après la découverte des premiers corps pour mettre hors d'état de nuire le serial killer de Cleveland.

CHAPITRE VI

Un copycat ?

Le fiasco engendré par la mort de David Selepe déclenche un déluge de critiques de la part des journalistes concernant l'attitude de la police. Pourquoi a-t-on tué Selepe alors qu'il aurait suffi, par exemple, de le blesser aux jambes ? L'officier de liaison auprès des médias se mélange les pinceaux en publiant un premier communiqué où il indique que Selepe était menotté lorsqu'on lui a tiré dessus, puis il se rétracte pour affirmer que le prisonnier ne l'était finalement pas. Autre cafouillage : la veuve de Selepe apprend la nouvelle de son décès par les journaux, car la police a oublié de la prévenir. Le fait qu'il n'y ait pas de confession écrite ajoute encore à la confusion et, à partir de la fin décembre, certains quotidiens n'hésitent pas à écrire que la police a peut-être abattu un innocent.

Le 22 décembre, le ministre de la Justice convoque une trentaine de proches de huit des victimes de Cleveland dans un hôtel de Pretoria pour leur annoncer l'ouverture d'une enquête approfondie. Les deux hommes mentionnés par Selepe comme pouvant « être utiles aux investigations » sont interrogés par les enquêteurs. Leur ADN est comparé aux prélèvements effectués sur les différentes scènes de crime, sans le moindre résultat positif. L'un des deux individus est même en prison au moment où les crimes sont commis. Ils sont exonérés de tout soupçon et l'on ignore à ce jour pourquoi David Selepe a cru bon de les impliquer dans l'affaire.

Quelques jours plus tard, la police annonce que du sang appartenant à David Selepe a été retrouvé sur la petite culotte de l'une des victimes et que le coffre de son véhicule contient une trace d'ADN d'une autre femme assassinée. Le communiqué ajoute que le tueur est lié de manière certaine à quatre autres crimes, sans donner plus de précisions.

Le 19 juin 1995, la commission d'enquête sur les meurtres en série de Cleveland et la mort de David Selepe se réunit sous l'égide du procureur général Adrian Eager. Les policiers chargés d'encadrer le tueur présumé lors des visites sur les différentes scènes de crime ne font l'objet d'aucune poursuite. Le rapport conclut à la culpabilité de Selepe, tout en émettant des doutes sur sa véritable identité. Jugé coupable de fraude le 2 mai 1985, l'escroc aurait été trouvé en possession de papiers d'identité au nom de David Selepe. Finalement, l'appartenance de ces documents n'a jamais pu être prouvée d'une manière ou d'une autre, et l'individu en question est condamné sous le nom de « David Selepe ». Il obtient légalement cette identité en mai 1992. Mais cette ultime révélation ne met pas un terme à une affaire qui, au fil des mois, prend une tournure de plus en plus dramatique.

Meurtres en série à Atteridgeville

Ce *township* où l'on parle le sesotho, situé à l'ouest de Pretoria, peut être considéré comme la capitale des serial killers sud-africains. Pour ses habitants, le bidonville est communément appelé Phelindaba ou Pheli, un terme qui signifie en dialecte zoulou « la fin de l'histoire ». Depuis 1956, au moins cinq tueurs en série ont semé la désolation parmi les habitants, qu'il s'agisse d'hommes, de femmes ou d'enfants. Un inconnu, surnommé *The Atteridge Mutilator*, assassine des garçons durant une période de cinq mois en 1956. *Pangaman*, surnom d'Elias Xitavhudzi, un homme de race noire, tue et mutile 16 femmes blanches avant d'être pendu dans les années 1960. Une décennie plus tard, c'est *Ironman* qui vole et massacre ses victimes à coups de barre de fer. Meurtrier pédophile, Mukuku-Motho, alias *The Chicken Man*, s'attaque à des enfants noirs des rues. Dans ces mêmes artères, Rra Jasi, surnommé *The Coat Man*, assassine des promeneurs, une fois la nuit venue. Le crime et les meurtres de femmes y sont très fréquents.

Selepe est déjà décédé depuis près de trois semaines lorsqu'on découvre le cadavre en putréfaction d'une inconnue le 4 janvier 1995. La peau de son ventre s'est décomposée, révélant ses intestins. Sa robe a été remontée sur les seins. Le 9 février, c'est Beauty Soko qui est trouvée nue et décomposée. L'assassin a placé ses vêtements sur le corps et ils sont maintenus en place par des cailloux. Le 6 mars, une troisième femme, Sarah Monoko, 24 ans, est enterrée nue dans un fossé en construction. Touche macabre du tueur : les seins de la victime affleurent la terre tassée. Par contre, Letta Ndlangamandla est entièrement vêtue lorsque des promeneurs l'aperçoivent dans un champ proche d'Atteridgeville le 12 avril 1995. Elle a été étranglée avec une partie de son soutien-gorge, l'autre morceau ayant servi à lui attacher les mains. Une semaine plus tard, Sibusiso, le bébé de 2 ans de la jeune femme, est trouvé à une vingtaine de mètres de là, sans que l'autopsie puisse déterminer la cause de son décès. Letta était partie début avril de chez elle pour rencontrer un homme à Pretoria qui lui avait fait une offre de travail et comme elle n'avait personne pour faire garder son fils, elle l'avait emmené avec elle. Le 13 mai, c'est Esther Mainetja, 29 ans, qui est découverte étranglée avec ses vêtements. Elle est allongée sur le dos dans un champ de maïs et la partie inférieure de son corps est dénudée. Esther a disparu le soir précédent lorsqu'elle a quitté un café pour rentrer chez elle. Septième sur la liste, Elizabeth Granny Mathetsa, 19 ans, est retrouvée nue à quelques kilomètres au nord d'Atteridgeville, à Rosslyn, le 25 mai. Le 13 juin, c'est au tour de

Francina Nomsa Sithebe, 25 ans, d'être découverte sur une colline du *township*. Elle porte une robe, mais l'assassin l'a ligotée assise contre un tronc d'arbre à l'aide de sa petite culotte et d'une courroie de son sac à main. Le 22 juin, Ernestina Mohadi Mosebo, 30 ans, est identifiée grâce à des papiers d'identité placés près de son cadavre, à Rosherville. Elle a été violée puis étranglée. A peine deux jours plus tard, la sanglante litanie se poursuit lorsqu'un passant remarque le cadavre de Nikiwine Diko qui a été déchiqueté par des animaux sauvages. Son crâne est retrouvé à environ quarante-cinq mètres du torse et elle a les mains attachées avec son slip. Un morceau de bois est enfoncé dans son vagin. Elle est portée disparue depuis le 7 avril, jour où elle a quitté son domicile pour répondre à une proposition d'emploi.

Le 17 juillet 1995, Absalom Sangweni qui vit seul dans une caravane installée à Beyers Park, à Boksburg, remarque un couple qui marche dans un champ non loin de là. Il sait qu'ils vont bientôt être bloqués par une clôture et il les prévient. Mais l'homme lui répond qu'il connaît les lieux. Ils disparaissent de la vue d'Absalom qui continue à surveiller. Au bout d'un moment, l'inconnu réapparaît. Seul. Il jette des regards furtifs de gauche et de droite, « comme s'il avait quelque chose à cacher », explique Absalom dans une interview accordée à *The Star*. Il quitte ensuite rapidement le champ. Absalom est curieux de savoir ce qu'est devenue la jeune femme. Il la retrouve allongée par terre, sans connaissance. Comme il n'a pas le téléphone, Absalom se précipite vers le supermarché le plus proche pour alerter les autorités. Le sergent Gideon O'Neil et son partenaire arrivent trop tard. La jeune femme n'a plus de pouls, son corps est encore chaud et elle a été étranglée avec sa propre ceinture. Malheureusement, Absalom Sangweni ne peut pas donner une description précise du meurtrier car il était trop éloigné. La victime est identifiée comme étant Josephine Mantsali Mlangeni, 25 ans, une mère de quatre enfants qui avait répondu à une offre d'emploi potentielle.

Un copycat ?

Ce même jour, le *South African Police Service* met en place un groupe d'enquête placé sous la direction du capitaine Vinol Viljoen, dans les murs du *Pretoria Murder and Robbery Unit.* Micki Pistorius, qui rentre d'un voyage en Ecosse où elle a rencontré les ex-*profilers* du FBI Robert Ressler et Roy Hazelwood, fait partie de cette unité. Lorsqu'elle commence à étudier les différents dossiers, elle éprouve beaucoup de difficultés à capturer l'essence de ce serial killer : « J'ai commis une grave erreur lors de mes premières évaluations. Je me suis trop focalisée sur les divergences entre les différentes scènes de crime, alors qu'il y avait plus de similitudes que de différences. » Certaines victimes ont été attachées, d'autres non. Parfois elles ont été ligotées les mains dans le dos, d'autres sur le devant. De nombreuses femmes sont nues alors que d'autres sont encore vêtues. Les enquêteurs se demandent s'ils ont affaire à un même tueur ou à plusieurs meurtriers.

Micki Pistorius et les enquêteurs se sont trompés en examinant les nombreux meurtres dans l'ordre de leur découverte. Mais dès qu'ils commencent à placarder les photos de ces femmes sur les panneaux de la salle d'enquête dans l'ordre chronologique où elles ont été assassinées, les policiers comprennent leur erreur initiale. Ils savent à présent qu'ils sont face à un même tueur qui a progressé dans son mode opératoire et son rituel. Tout d'abord, les victimes ne sont pas attachées. Par la suite, il choisit de les ligoter par-derrière avec un morceau de leurs propres vêtements. Puis il change à nouveau pour lier les mains sur le devant. Sa façon de tuer évolue également : les premières femmes sont étranglées à mains nues, ensuite il utilise un lien, une courroie, une ceinture ou, plus généralement, leur soutien-gorge. Son sadisme le pousse à mieux contrôler le moment où il donne la mort grâce à la fabrication d'un garrot enroulé autour d'un morceau de bois. Cette montée en puissance du tueur apparaît très inquiétante aux yeux des enquêteurs. La suite va leur donner raison puisqu'il ne se passe pas une semaine à partir de la mi-juillet 1995 sans qu'un nouveau cadavre soit découvert.

En l'espace de deux mois, la liste macabre s'allonge à sept reprises avant que l'assassin ne change de cimetière privé. Le 16 septembre 1995, un promeneur trouve une victime près de Boksburg. Ville aurifère où le précieux métal est mis au jour pour la première fois en 1886, Boksburg se situe à l'est de Johannesburg, à environ une heure de route de Pretoria. C'est d'ailleurs près d'une ancienne exploitation, Van Dyk Mine, que la femme a été déposée. Le capitaine Frans van Niekerk de la brigade de l'*East Rand Murder and Robbery Unit* est chargé des premières investigations. Au regard des similitudes avec les assassinats de Pretoria et d'Atteridgeville, il contacte immédiatement son collègue, le capitaine Vinol Viljoen, ainsi que Micki Pistorius. Des chiens dressés pour la recherche de cadavres sont amenés sur les lieux. Deux jours plus tard, les policiers mettent au jour une des plus horrifiques scènes de l'histoire criminelle sud-africaine. Dans un champ situé à moins de quatre kilomètres de la prison de Boksburg, 10 corps de femmes en état de décomposition avancée sont retrouvés, parfois à quelques mètres les uns des autres. Sur le domaine voisin, Micki Pistorius est stupéfaite par l'existence de plus d'une centaine de monticules de terre qui ressemblent, à première vue, à des nids de fourmis. En creusant sous chacun d'entre eux, les policiers découvrent un sous-vêtement féminin, des morceaux de miroir, une bouteille de Coca vide, des plumes, des couteaux et des bougies noires et rouges attachés par des fils de laine rouge et noire. Tous ces objets font partie de l'attirail des guérisseurs traditionnels, les *sangomas*. Micki Pistorius craint que chacun de ces monticules ne représente symboliquement la présence d'un corps, mais elle se rend compte que cette proximité est due au hasard car ce cimetière de femmes possède toutes les caractéristiques du tueur en série d'Atteridgeville. Les femmes ne sont pas vêtues comme des prostituées, elles ont entre 20 et 30 ans, et l'assassin les a disposées non loin d'une ligne de chemin de fer et d'une mine à ciel ouvert.

L'une des victimes a les jambes écartées et des milliers d'asticots grouillent autour de ses parties génitales, une autre a le visage recouvert de sa petite culotte, une troisième porte encore son jean qui est mouillé à l'entrejambe ; elle a probablement uriné sous l'emprise de la peur. Micki pense que le tueur a emmené chaque nouvelle victime sur place pour la terroriser en la confrontant aux corps décomposés des précédentes. Il a aussi fait évoluer son rituel de *bondage* : les premiers cadavres avaient les mains ligotées dans le dos, les suivantes sur le devant et celles de Boksburg sont attachées par le cou avec une sorte de garrot confectionné à partir de leurs sous-vêtements. Une des femmes est assise les jambes écartées, la gorge attachée à un tronc d'arbre. Pour ajouter à la dimension dantesque de la scène, un hélicoptère qui amène des renforts se pose trop près du champ. Le souffle engendré par la rotation des pales fait s'envoler des nuées d'asticots qui voltigent dans les airs avant de retomber telle une pluie macabre sur les enquêteurs. Ils sont recouverts de vers grouillants qui pénètrent dans leurs habits et s'emmêlent dans leur chevelure, sans aucune possibilité de prendre une douche en ces lieux isolés.

Micki Pistorius suggère de garder secrète la découverte du « cimetière privé » du serial killer. Elle est sûre qu'il va y revenir pour amener de nouvelles victimes et suggère aux autorités de surveiller discrètement les lieux. Malheureusement, quelques heures plus tard, son plan est réduit à néant car des fuites ont alerté les médias. Des hélicoptères de la télévision sud-africaine SABC survolent l'endroit pour filmer les techniciens de scène de crime au travail. L'événement est si choquant que le chef de la police sud-africaine, George Fivaz, se rend sur place, bientôt suivi par le président nouvellement élu Nelson Mandela. Bouleversé, ce dernier assure les policiers de son soutien total pour résoudre l'affaire. Très vite, un sac à main jeté un peu plus loin permet d'identifier une première femme. L'interrogatoire de ses collègues de travail indique qu'elle a été vue pour la dernière fois en compagnie d'un homme dont le portrait-robot pourrait coïncider avec l'inconnu aperçu par Absalom Sangweni depuis sa caravane le 17 juillet 1995. Des moyens et des hommes supplémentaires octroyés au groupe d'enquête accélèrent l'identification de plusieurs victimes :

— Makoba Tryphina Mogotsi, 26 ans, disparaît le 15 août ;

— Nelisiwe Zulu, 26 ans, quitte son domicile le 4 septembre pour chercher un emploi ;

— Amelia Dikamakatso Rapodile, 43 ans, termine sa journée de travail à l'aéroport international de Johannesburg le 7 septembre. Des employés la voient accompagnée d'un inconnu qui lui aurait promis un salaire plus conséquent. Le soir de sa disparition, sa carte bancaire est utilisée à trois reprises pour des retraits d'argent à Germiston ;`

— Monica Vilakazi, 31 ans, laisse son fils de 4 ans à sa grand-mère le 12 septembre et part en quête d'un emploi ;

— Hazel Nozipho Madikizela, 21 ans, est vue pour la dernière fois par ses parents à Germiston à la mi-septembre.

Les autres restent à jamais des numéros dans le registre mortuaire de Boksburg. Lors d'une conférence de presse, le chef de la police sud-africaine, George Fivaz, affirme qu'il n'y a aucun lien entre les meurtres de Cleveland et ceux de Boksburg puisque David Selepe est mort. Il annonce une récompense de 63 000 euros pour toute information qui permettrait l'arrestation du meurtrier en série d'Atteridgeville et de Boksburg.

Ayant déjà dressé un profil du tueur en série d'Atteridgeville et de Pretoria qui ne la satisfait pas, Micki Pistorius peut maintenant l'affiner à la lumière des nouveaux crimes commis autour de Boksburg. Le serial killer a déposé les corps dans trois endroits différents : 8 femmes ont été trouvées à Atteridgeville et autour du *township* (avec, en plus, un bébé de 2 ans) ; 6 victimes ont été découvertes aux alentours d'Onderstepoort ; enfin 12 cadavres ont été mis au jour dans la région de Boksburg. Micki pense que ces 27 assassinats sont tous liés et que le meurtrier a parfois œuvré en tandem avec un complice.

Les différentes scènes de crime ont été sélectionnées avec un soin particulier : il est évident que le tueur les connaissait très bien. Ces endroits sont retirés, l'assassin sait pouvoir y agir à sa guise, sans crainte d'être dérangé, mais ils sont aisément accessibles par la route ou le train. Les victimes sont violées, torturées et étranglées sur place, mais il n'y a quasiment aucun indice matériel. Le meurtrier est très intelligent et parfaitement organisé. Il est de plus en plus confiant et son attitude tend à l'arrogance. Les premières victimes d'Atteridgeville ont été disséminées dans divers endroits, celles d'Onderstepoort sont déjà plus concentrées, tandis que les femmes de Boksburg sont pratiquement empilées les unes sur les autres. Et l'assassin ne cherche même pas à les dissimuler.

Le rapport de victimologie de Micki Pistorius indique que ces femmes ont presque toutes entre 20 et 35 ans, qu'elles sont d'apparence soignée et sans emploi, ou à la recherche d'un meilleur salaire. Beaucoup de proches ou de collègues de travail témoignent qu'elles ont obtenu un rendez-vous avec un homme, qui est un employeur potentiel à leurs yeux. Il a probablement été blessé ou s'est senti humilié par une femme qui est à présent incarnée par toutes ses victimes. Il la viole et la tue sans arrêt, et c'est pour cette raison que toutes ces femmes se ressemblent.

Dans son profil, Micki Pistorius dresse la liste des caractéristiques suivantes du serial killer d'Atteridgeville et de Boksburg :

— un homme noir entre 25 et 35 ans ;
— il travaille à son propre compte et possède de l'argent ;
— conducteur d'une voiture d'un modèle luxueux ;
— il porte des vêtements tape-à-l'œil et des bijoux ;
— charmeur, un homme à femmes qui mène une vie sociale ;

— il a probablement été marié, mais il vit séparé ou divorcé ;

— il fréquente des bars et aime parader parmi la clientèle de ces établissements ;

— des antécédents judiciaires dans l'escroquerie ou le vol ;

— il pourrait se confier à une tierce personne, laisser entendre qu'il est l'assassin, et s'amuser à défier la police ;

— lecteur avide de tous les articles de presse le concernant ;

— une haine féroce vis-à-vis des femmes, bien qu'il se montre charmant avec elles ;

— il se masturbe après les meurtres, collectionne des « trophées » dont il se débarrasse par la suite ;

— c'est une personne dotée d'un fort appétit sexuel qui consomme des revues pornographiques ;

— enfant ou adolescent, il a pu être la victime d'abus sexuels ;

— il est très intelligent et rusé.

Micki Pistorius est frappée par la ressemblance de ce profil avec celui qu'elle a dressé pour le tueur en série de Cleveland. D'habitude, ce n'est pas d'une importance majeure puisqu'un profil dépeint une *catégorie* de personnes et non pas un *individu*. Bien que chaque serial killer soit unique, certains peuvent partager les mêmes traits de personnalité. Mais, dans ce cas particulier, la psychologue est déconcertée par la similitude des scènes de crime, un mode opératoire semblable, et des dates tellement proches ; le problème majeur demeure la mort de David Selepe avant qu'il ait pu être jugé pour les crimes de Cleveland. Pour avoir un deuxième avis, la police sud-africaine confie les différentes pièces du dossier au célèbre *profiler* américain Robert Ressler qui est en visite dans le pays. Ses conclusions rejoignent celles de Micki Pistorius : Selepe est bien le responsable des assassinats de Cleveland, même s'il n'a pas forcément agi en solitaire.

L'enquête

La découverte d'un sac à main non loin de la scène des crimes de Boksburg a été à la fois un élément décisif pour l'identification d'Amelia Rapodile mais aussi pour la progression de l'enquête. En interrogeant ses collègues et grâce à la fouille de son domicile, les policiers apprennent que l'homme avec qui elle avait rendez-vous avant de disparaître est un certain Moses Sithole. Amelia Rapodile possédait un formulaire de recherche d'emploi à en-tête de l'organisation de Sithole, la *Youth Against Human Abuse*, pour laquelle il lui avait proposé un poste. Lorsqu'ils se rendent au siège de l'association, ils découvrent Kwazi Sithole, la sœur de Moses, à Wattville, une ville située au sud-est de Boksburg. Elle ignore où se trouve son frère, qui a disparu.

Après l'identification d'une seconde victime du charnier de Van Dyk Mine, Tryphina Mogotsi, les enquêteurs sont sûrs d'être sur les traces du bon suspect. Elle était blanchisseuse et travaillait pour *Kid's Haven*, une association de Benoni qui vient en aide aux enfants des rues. Plusieurs collègues de Tryphina déclarent qu'un homme est venu leur proposer à deux reprises un emploi bien payé pour la *Youth Against Human Abuse*. La première fois, Sithole est accompagné de deux adolescentes qui doivent rejoindre son centre d'aide et d'un journaliste de *The Star* accompagné par un photographe. Lors de sa seconde visite, il apporte un article de *The Star* qui relate les actions de l'association. Sithole explique à Tryphina qu'il souhaite mener à bien une collecte d'argent pour les orphelins. Quelques jours plus tard, elle disparaît.

L'énorme pression médiatique et policière ne paraît pas déranger le tueur puisqu'une semaine à peine après la découverte des 10 corps de Boksburg, Agnes Mbuli, 20 ans, disparaît à son tour. Son cadavre est découvert le 3 octobre près de la gare de Kleinfontein, non loin de Benoni.

Le même jour, un certain Joseph Magwena téléphone à une journaliste de *The Star*, Tamsen de Beer, pour lui dire : « Je suis l'homme le plus recherché d'Afrique du Sud, je suis le serial killer du Gauteng. » (Le Gauteng est le nom de la province où se situent Pretoria, Johannesburg, Atteridgeville et Boksburg.) Apparemment, « Joseph Magwena » désire se rendre aux forces de l'ordre. De Beer prévient la police qui met les lignes téléphoniques du quotidien sur écoute. L'interlocuteur rappelle à trois reprises durant le mois d'octobre en donnant des détails précis sur plusieurs meurtres. Pendant ces quatre conversations, « Joseph » raconte qu'il a commencé à tuer parce qu'une femme l'a faussement accusé de viol et qu'il a fait de la prison à cause de la condamnation qui s'est ensuivie. En prison, des détenus ont abusé de lui. « J'oblige une femme à aller où j'en ai envie et je lui dis : "Vous savez quoi ? J'ai souffert, j'ai été une victime. Maintenant, c'est fini. C'est moi qui commande, qui le fais." Après, je les tue. » Il affirme utiliser leurs sous-vêtements pour les étrangler parce que cela ne laisse pas d'empreintes digitales sur le tissu. « Joseph » confirme les hypothèses de Micki Pistorius : il montre à chaque nouvelle victime les cadavres des précédentes et admet être le coupable des meurtres de Pretoria, Atteridgeville et Boksburg, mais rejette toute responsabilité dans la série des crimes de Cleveland. Il prétend à plusieurs reprises ne pas avoir assassiné Letta Ndlangamandla et son fils de 2 ans car, dit-il, il « adore les enfants ». Pour convaincre les policiers de la véracité de ses dires, « Joseph » leur indique où ils pourront trouver une nouvelle victime, ce qui est effectivement le cas. Beauty Ndabeni est découverte le 11 octobre 1995, garrottée avec sa petite culotte et son peigne. Après l'échec d'un rendez-vous entre Tamsen de Beer et « Joseph » dans une gare, les enquêteurs décident de publier une photo de Moses

Sithole à la Une de tous les journaux le 13 octobre. Dès le lendemain, le tueur répond par un nouveau meurtre. Une femme à jamais non identifiée est étranglée avec ses lacets, le cou attaché à un arbre, près d'une mine de Village Main Reef, à Johannesburg.

Le 17 octobre, Moses Sithole téléphone à Maxwell, le mari de sa sœur Kwazi, pour lui demander une arme à feu « afin de se protéger ». Ils conviennent d'un rendez-vous à l'usine Mintex de Benoni. Kwazi prévient la police qui décide de lui tendre un piège. L'inspecteur Francis Mulovhedzi prend l'uniforme des vigiles de l'usine. Le 18 octobre, vers neuf heures du soir, Sithole arrive chez Mintex où il demande à rencontrer Maxwell. Les gardes postés à l'entrée ordonnent au « nouveau », l'inspecteur Francis Mulovhedzi, d'aller chercher Maxwell. Mais celui-ci ne veut pas laisser le suspect sans surveillance, du coup Sithole se méfie et s'enfuit en courant. Mulovhedzi s'identifie comme policier et ordonne au fuyard de s'arrêter. Il tire deux coups de semonce. Malgré ses déclarations à la journaliste de *The Star*, Sithole ne désire pas se rendre, il dégaine une hachette et se dirige vers l'inspecteur. « Ma vie était en jeu et je lui ai tiré dans les jambes, raconte Mulovhedzi. Il a continué à se battre et m'a touché à la main droite. J'ai à nouveau ouvert le feu et il est tombé par terre. »

Blessé à la jambe et à l'estomac, Sithole est emmené à l'hôpital Glynwood de Benoni où il est opéré le lendemain matin. Les enquêteurs craignent de revivre les événements tragiques qui ont suivi la mort de David Selepe. Ils espèrent que Sithole survivra à ses blessures. Le brigadier Suilker Britz, commandant en chef de toutes les unités des *Murder and Robbery Units*, téléphone toutes les heures à l'hôpital pour se tenir au courant de l'évolution de l'état du blessé. Deux jours plus tard, Moses Sithole est déclaré hors de danger et on le transfère dans un établissement médical militaire pour le protéger d'éventuelles représailles de la population du Gauteng. Le 23 octobre 1995, Sithole est officiellement inculpé de 29 meurtres. Cinq jours plus tard, les journaux affirment qu'il est séropositif mais la police refuse de confirmer cette information.

Le suspect

Moses Sithole n'a pas connu une enfance heureuse.

Après le décès de son père Simon Tangawira Sithole, la famille perd sa maison de Vosloorus, un *township* de la province de l'East Rand. Sophie, la mère, ne parvient plus à s'occuper des six enfants, qui sont placés dans un orphelinat de Benoni. Puis les enfants sont encore une fois délocalisés dans le KwaZulu-Natal. Moses ne supporte pas la situation et il fugue à de nombreuses reprises. Il retourne à Vosloorus pour restrouver Patrick, son frère aîné. Quand Patrick part pour l'Etat indépendant de Venda, Moses en profite pour vendre la maison de son frère sans lui avoir demandé la permission. Il enchaîne les boulots dans des fermes où il apprend à conduire un tracteur, et des emplois dans des mines d'or du Gauteng. Il dépense tout son argent dans des boîtes de nuit où il a d'innombrables petites amies, mais aucune relation stable. Moses vit essentiellement dans la région de Johannesburg, même s'il voyage au Swaziland et au Botswana.

Il est arrêté plusieurs fois pour des vols et des escroqueries. En 1989, il est inculpé pour un viol. Moses a toujours prétendu être innocent de ce crime. Condamné, il passe près de quatre ans en prison où il devient membre de la chorale et se découvre une passion pour la musique classique et les livres. Il est relâché pour bonne conduite en 1993. Le premier cadavre est découvert un mois après sa libération. C'est à ce moment-là que lui vient l'idée de fonder la *Youth Against Human Abuse Organization*, une association destinée à retrouver les parents de jeunes orphelins. Il utilise le téléphone de sa sœur à Wattville pour tous ses contacts et fait imprimer des formulaires de recherche d'emploi à en-tête. Il peut ainsi recueillir des fonds qui lui permettent de subvenir à ses besoins et de « recruter » ses futures victimes. Tous ceux qui le fréquentent le dépeignent comme un homme aimant être bien habillé et porter de belles chaussures.

Dans l'attente de son procès, Moses Sithole aurait déclaré à un codétenu : « Mon pain quotidien a été la douleur, la douleur a été ma prière, je n'ai jamais connu qu'elle, cette douleur m'a accompagné à chaque heure, minute, seconde, jour, semaine, mois et année de mon existence. »

Le procès

Pendant qu'il récupère à l'hôpital militaire de Pretoria, Moses Sithole est interrogé à plusieurs reprises par les capitaines Frans van Niekerk et Vinol Viljoen. Il se contente de réponses laconiques, jusqu'à ce qu'une enquêtrice pénètre dans sa chambre. C'est à partir de ce moment-là qu'il se met à décrire en détail certains de ses meurtres tout en se masturbant. Certains de ses aveux sont enregistrés. *The Star* en publie plusieurs extraits : « C'est à Atteridgeville puis à Hercules que j'ai démarré. Près de Johannesburg, je n'ai pas tué parce que j'y habitais. Je ne me suis jamais soucié du nombre de mes victimes. Je choisissais les endroits avant les victimes. La nuit, je n'ai jamais tué. Et je n'ai violé que les plus jolies (...). A Atteridgeville, j'ai beaucoup tué – environ 10. Je les prenais par le cou avant de les étrangler. Ensuite, j'ai pensé à quelque chose pour les ligoter (...). Je me suis servi de bas. Pour les mettre autour de leur cou. Je ne supporte pas la vue du sang. Quand elles me suppliaient, je comprenais tout ce qu'elles me disaient, mais je pensais à autre chose. Je les forçais à regarder par terre pendant que je les violais et que je les étranglais. Ensuite je les observais durant leur agonie, tout en me masturbant. »

La fin de 1995 et tout le premier semestre de 1996 sont consacrés à des reconstitutions des différents crimes de Moses Sithole et à des examens psychiatriques qui le jugent totalement responsable de ses actes. Sa mémoire est parfaite et il ne se trompe pas une seule fois lorsqu'il guide les policiers vers les diverses scènes de crime.

Le 30 septembre 1996, la mise en accusation du tueur en série pour 38 assassinats, 40 viols et 6 vols déchaîne une tempête médiatique.

4 de ces inculpations concernent des meurtres attribués de prime abord au serial killer de Cleveland, David Selepe. Circonstance aggravante aux yeux des médias, le lieu du crime d'une de ces victimes, Amanda Thethe, a été indiqué par Selepe, quelques instants avant qu'il ne soit abattu par les policiers. Est-ce que ces quatre femmes faisaient partie des six victimes liées « de manière définitive » à David Selepe selon les déclarations officielles de la police en 1994 ? Le *South African Police Service* a toujours refusé de répondre à cette question, et il n'a jamais non plus divulgué les identités de ces six victimes.

Le 21 octobre 1996, le procès peut enfin démarrer. A ce jour, il demeure le plus coûteux de l'histoire criminelle sud-africaine. Lorsqu'on demande à l'accusé comment il souhaite plaider, Sithole répond « non coupable » avec un large sourire qui sera sa marque de fabrique durant tous les débats. Les premiers jours sont consacrés aux accusations pour les viols commis en 1987 et 1988. Les victimes font preuve de beaucoup de courage en acceptant de témoigner dans des audiences publiques et d'autoriser les journalistes à publier leur identité. Patricia Khumalo, 29 ans, était à la recherche d'un emploi en septembre 1987 lorsque sa sœur lui présente un certain « Martin » qu'elles reconnaissent toutes les deux au tribunal comme étant Moses Sithole. Martin affirme qu'il a un poste libre à Cleveland. Ils prennent le train à Boksburg et s'arrêtent à la gare de Geldenhuis. Martin prétend connaître un raccourci à travers champs. Au bout de quelques minutes de marche, Martin change radicalement. « Soudain, il m'a attrapée par le col de la chemise, raconte Patricia. J'étais effrayée. Il m'a ordonné de m'allonger par terre et il m'a violée. A plusieurs reprises. J'ai supplié et pleuré pour qu'il ne me tue pas. Il m'a répondu qu'il ne le ferait pas parce que j'avais un regard qui lui faisait pitié. » Il lui a ligoté les mains avec son soutien-gorge et remonté la jupe pour lui couvrir le visage. Le lendemain du viol était l'anniversaire de la fille de Patricia. Pendant toute la durée de son témoignage, Sithole sourit, visiblement amusé. Ensuite c'est au tour de Thembi Ngwenya, de Lindiwe Nkosi, de Doris Swakasima et d'autres femmes de raconter leur martyre aux mains de « Samson », « Dorcas », « Selbie », « David Ngobeni », « Charles », « Sello », « Patrick » ou de « Lloyd Thomas ». Avec quelques variantes. Parfois, il menace les jeunes femmes avec un couteau ou une bouteille d'essence, affirmant qu'il va les brûler. Afin d'avoir une érection plus forte, il exige qu'on lui enfonce un doigt dans l'oreille. Sithole parle souvent après les viols pour expliquer, par exemple, sa « haine des femmes parce qu'il avait eu un enfant d'une petite amie à Alexandra et que celle-ci avait empoisonné leur bébé ».

Lorsque les proches d'Amanda Thethe, dont l'assassinat et le viol ont été longtemps attribués à David Selepe, s'adressent au tribunal, une autre facette de la personnalité machiavélique de Moses Sithole est dévoilée. Il connaissait fort bien la jeune femme, au point d'être reçu par le père d'Amanda quelques mois avant sa disparition. Elle le présente sous l'identité de « Selbie » et affirme qu'il est son petit ami. Son cadavre est découvert le 6 août 1994. Elle a été violée et le meurtrier lui a enfoncé sa petite culotte au fond de la gorge, avant de l'étrangler avec sa chemise. Plusieurs membres de la famille Thethe déclarent que « Selbie » était présent, éploré, aux funérailles d'Amanda.

Un fait intéressant émerge lors du témoignage de la grand-mère de Monica Gabisile. Sa petite-fille disparaît en septembre 1995. Elle a rencontré Sithole un mois auparavant et celui-ci avait assuré sa petite-fille d'un emploi. Il s'est présenté sous sa véritable identité, mais lorsqu'il lui téléphone trois jours après la disparition de Monica, son interlocuteur prétend être un certain « Jabulane ». Puis la même voix rappelle juste avant l'enterrement de la jeune femme sous le nom de « Mandla ». Il affirme son innocence, ajoutant que Monica a eu ce qu'elle méritait et que la grand-mère « pourrait marcher sur sa tombe ». Pendant son interrogatoire, peu de temps avant d'être abattu par la police, David Selepe a mentionné le nom de deux complices, « Tito » et « Mandla ». La presse a relayé l'information sans jamais mentionner ces deux noms qui ont été gardés secrets par les enquêteurs. Ceux-ci ont interrogé un « Mandla », connaissance de Selepe, mais ce dernier se trouvait en prison au moment où les meurtres de Cleveland étaient commis. Moses Sithole a utilisé un grand nombre de pseudonymes mais « Mandla » est un nom suffisamment rare pour qu'il s'agisse d'une simple coïncidence.

Martha, la compagne du tueur au moment de son arrestation, témoigne à la barre avec leur fille d'un an endormie dans les bras. C'est le seul moment du procès où Sithole montre son émotion. Quand elle a fini de parler, l'accusé lui fait un signe de la main, mais Martha refuse qu'il voie l'enfant. Il se met à pleurer sous les rires moqueurs de l'audience.

Une vidéo tournée en prison

Le 3 décembre 1996, la Cour suprême de Pretoria visionne une vidéo filmée dans la prison de Boksburg peu de temps après l'incarcération du serial killer. Hospitalisé au sein de l'infirmerie de l'établissement, Moses Sithole y fait la connaissance de Jacques Rogge, un ex-officier de police. Avec ses deux complices, Mark Halligan et Charles Schoeman, qui étaient également membres des forces de l'ordre, Rogge a tué pour voler un lot de diamants en 1995. Selon ses dires, Sithole souhaite obtenir des médicaments pour se suicider, mais il veut aussi enregistrer le récit de ses meurtres. Rogge, Schoeman, Halligan et Sithole signent un contrat pour se partager tous les profits engrangés par la diffusion et la vente des droits de cette vidéo. Le tueur en série demande que sa part soit versée à sa fille.

Malgré la mauvaise qualité de la bande, on se rend compte de l'aisance manifestée par Moses Sithole pour narrer sa série meurtrière. Il fume et plaisante à plusieurs reprises. Son premier assassinat aurait été commis en juillet 1995 : « Je ne me souviens plus de son nom. Je l'ai tuée et abandonnée sur place. Puis je suis rentré directement à la maison et j'ai pris une douche (...). En tout, j'ai zigouillé 29 femmes. Je ne sais pas comment ils en arrivent au chiffre de 38. S'il y a du sang ou des blessures, elles ne sont pas à moi. »

Toutes ces femmes évoquaient pour lui le souvenir de celle qui l'avait « faussement » accusé de viol en 1989. Il prétend qu'il n'a abusé d'aucune d'entre elles, même si certaines lui ont proposé de coucher avec lui pour avoir la vie sauve. Si l'on en croit ses déclarations, Sithole n'a pas agressé plusieurs femmes parce qu'elles étaient « sincères et sans prétention ». Il les étrangle par-derrière « pour ne pas affronter leur regard ». Un point que l'on retrouve chez d'autres serial killers tels Gary Ridgway, le *Green River Killer*, ou Guy Georges. Sithole aime infliger une terreur sans nom aux jeunes femmes en les emmenant regarder les corps en décomposition de ses victimes précédentes et en téléphonant à leurs proches, mais c'est surtout un lâche qui craint de les regarder droit dans les yeux.

A un moment donné de ses confessions filmées, l'assassin fait une pause pour croquer une pomme. Schoeman lui demande s'il se souvient plus spécifiquement d'une victime. Sithole répond sans la moindre hésitation : « Amelia Rapodile. Une des dix de la Van Dyk Mine. Elle a commencé à se battre. Je lui ai laissé sa chance, je lui ai dit : "Si tu perds, tu crèves..." Elle s'est servie de ses pieds pour me frapper. Je pense qu'elle avait dû faire du karaté. Elle a essayé de m'attraper par les vêtements, mais elle a foiré son coup. Je lui ai simplement dit "bye-bye". »

Au-delà du contenu de cette bande vidéo, la justice et les médias s'interrogent sur le fait même que trois ex-policiers détenus aient pu obtenir l'équipement nécessaire à cet enregistrement. La loi sud-africaine est intransigeante : il est strictement interdit de filmer, voire même de photographier, un prisonnier ou de publier le récit d'un criminel. Schoeman refuse de s'exprimer car il a reçu des menaces de mort de la part d'autres détenus. Le 10 février, l'ex-policier accepte de venir au tribunal en échange d'une immunité totale concernant cette cassette, et d'une protection particulière. Schoeman avait contacté le capitaine Leon Neil de l'*East Rand Murder and Robbery Unit* pour lui parler de la possibilité de filmer les aveux du tueur en série. L'équipement fourni par la police lui a été transmis en prison par l'entremise de son épouse. Comme Sithole n'avait pas été averti de l'utilisation éventuelle de cet enregistrement lors de son procès, sans compter qu'il n'avait pas été informé de ses droits au préalable, son avocat a beau jeu de les retirer de la procédure. Mais cette minuscule victoire n'est rien comparée aux charges accablantes qui pèsent sur les épaules de l'accusé.

A cette époque, l'ADN est un élément encore relativement récent dans la procédure judiciaire et il faut plusieurs semaines fastidieuses pour expliquer le degré d'implication de Moses Sithole dans chacun de ses crimes. Le 15 août 1997, le procureur clôt l'acte d'accusation au bout de presque un an et moyennant un coût total de 250 000 dollars. Moses Sithole témoigne pour sa propre défense et il continue d'affirmer sa totale innocence. S'il a désigné les lieux où les corps ont été retrouvés, c'est parce que les policiers l'ont forcé à le faire. Il prétend toujours être innocent du viol de 1989.

Le 4 décembre 1997, le juge David Curlewis reconnaît Moses Sithole coupable de 38 meurtres, 40 viols et 6 vols. Il faut un peu plus de trois heures pour lire le verdict. Le lendemain, jour du troisième anniversaire de la fille de Sithole, il est condamné à un nombre total de 2 410 années de prison qui se décomposent ainsi : 50 ans pour chacun des 38 meurtres, 12 ans pour chacun des 40 viols et 5 ans pour chaque vol. Le juge Curlewis recommande aussi qu'aucune libération conditionnelle ne soit possible avant que le tueur en série n'ait purgé au moins 930 années de prison. Il ajoute que si la peine capitale existait encore, il n'aurait eu aucun mal à prononcer cette sentence. « Aucun pardon n'est possible. L'accusé n'a aucune circonstance atténuante. Ce qu'il a fait est horrible. Je veux que les choses soient claires. J'estime que Moses Sithole doit rester emprisonné jusqu'à la fin de ses jours. »

C'est sans la moindre émotion apparente que Sithole écoute le verdict. Il est emmené à la prison centrale de Pretoria, classifiée C-Max, le régime carcéral le plus strict en Afrique du Sud. Il y est enfermé avec 93 autres détenus, parmi les plus dangereux du pays. Il a droit à une cellule individuelle et à une promenade quotidienne d'une heure.

Moses Sithole est atteint du sida et, à l'époque de son procès, les médecins lui accordaient une espérance de vie d'environ cinq à huit ans. Mais il bénéficie de soins et son état de santé est meilleur qu'au moment de son arrestation. Il a toujours refusé de s'exprimer sur une éventuelle « collaboration » avec David Selepe ou un troisième individu. Pour Micki Pistorius, Moses Sithole ne voudra jamais l'admettre car « il est trop fier de son statut de star du crime. Il n'a aucune envie de partager cette célébrité ».

Son sort est plus enviable que celui de douze de ses victimes qui reposent à tout jamais dans des tombes de fortune.

Aucun nom ne figure sur leurs pierres tombales et personne ne vient prier pour elles.

Après la condamnation de Moses Sithole, Micki Pistorius reste avec un goût d'inachevé dans la bouche, la même impression qu'elle a éprouvée après la mort de David Selepe. Elle est certaine que ce n'est pas Selepe qui a écrit le message sur les cuisses d'une de ses présumées victimes mais bien Sithole. Malgré tout, Selepe a emmené les enquêteurs sur cette scène de crime, preuve qu'il était bien présent. « Maintenant, je comprends pourquoi les deux profils se ressemblent tant, explique-t-elle. Je pense que les deux tueurs ont été complices, au moins pour les meurtres de Cleveland et d'Atteridgeville. A l'époque, je dressais un profil basé sur ce que j'estimais être une victime de Selepe alors qu'il s'agissait en fait de Sithole. Pas étonnant que je me sois sentie frustrée par ces profils qui se chevauchaient. Sithole a toujours affirmé avoir œuvré en solitaire et les policiers ne croient pas à mon hypothèse. Une autre question me taraudait : Sithole a été condamné à 7 ans de réclusion pour viol et il a commencé à tuer à sa libération. Ce qui explique pourquoi il a étranglé ces femmes près de la prison de Boksburg. Mais Selepe a également admis avoir commis des assassinats à Atteridgeville, Cleveland et Boksburg. Et Selepe n'a pas pu aider Sithole à tuer près de Boksburg car il était déjà mort à ce moment-là. Pour moi, il y a toujours quelqu'un d'autre qui a inspiré les tueurs d'Atteridgeville et de Cleveland. Je suis sûre que Selepe et Sithole ont violé et assassiné ces femmes, mais qu'un troisième individu a été le maître d'œuvre. David Selepe avait cité les noms de "Mandla" et "Tito" dans ses aveux mais il est décédé avant d'avoir pu s'expliquer. Il n'a jamais mentionné le nom de Sithole. S'ils n'ont pas parlé de ce troisième homme, c'est parce qu'ils le vénéraient ou le craignaient. Ces trois hommes auraient pu se rencontrer en prison et sceller un pacte pour tuer des femmes afin de se venger. Je suis certaine que l'arrestation de Moses Sithole ne marque pas la fin de cette saga meurtrière. Je sais que nous devons continuer à rechercher un troisième criminel mais je n'ai pas de preuves pour étayer mon hypothèse. J'attends... »

CHAPITRE VII

Le monstre de Port Elizabeth

Fondée en 1799, Port Elizabeth est une cité industrielle et portuaire située à mi-chemin entre Durban et Le Cap. C'est aussi une station balnéaire aux plages fort réputées, où se déroulèrent les championnats mondiaux de surf en 1995. La population qui dépasse le million d'habitants comprend 20 % de Blancs, 20 % de métis, tandis que les 60 % de Noirs se concentrent surtout à la périphérie dans d'immenses *townships* et camps de squatters. Durant la période de l'Apartheid, Port Elizabeth (ou PE, prononcé PI, ainsi que l'appellent ses habitants) acquiert une réputation sinistre de lieu de tortures, le *Sanlam Center* au 44 Strand Street, d'activistes noirs aussi célèbres que Siphiwe Mtunkula et Steve Biko, le leader de *Black Consciousness*, qui meurt le 12 septembre 1976 des sévices qui lui ont été infligés. Mais cette époque est maintenant révolue et PE a été la première ville sud-africaine d'importance à élire un maire noir.

PE est une ville plutôt tranquille, où l'on peut quasiment se promener en toute sécurité la nuit venue, ou même le dimanche après-midi qui est, paradoxalement, un des moments les plus dangereux en Afrique du Sud car les centres-villes y sont complètement désertés. Malgré un taux de chômage très élevé, la criminalité est faible, en comparaison avec les autres villes sud-africaines. En matière de criminalité, Port Elizabeth est devenue célèbre le 18 décembre 1994 par le calvaire subi par Alison, une jeune femme kidnappée par deux violeurs assassins, Frans du Toit et Theuns Kruger. Laissée pour morte en bord de mer, après avoir été violée, égorgée et éventrée, Alison est parvenue à survivre à ses terribles blessures grâce à une volonté inouïe. Lorsqu'elle a repris connaissance sur la plage, la jeune femme a constaté que ses intestins pendaient hors de son corps, elle les a remis en place, avant de ramper sur plusieurs kilomètres jusqu'à la route où un automobiliste l'a conduite à l'hôpital de Port Elizabeth. Au service des urgences, les médecins ont estimé qu'elle n'allait pas survivre au-delà de la nuit. Après de très nombreuses opérations, Alison s'en est sortie et a témoigné lors du procès de ses agresseurs, surnommés *The Satan Rippers* (les éventreurs de Satan), qui ont même fait l'objet d'une séance d'exorcisme, une fois arrêtés. Port Elizabeth est d'ailleurs, avec East London, la ville où l'on dénombre le plus d'adeptes (de race blanche) du satanisme en Afrique du Sud. En 1998, Alison a raconté son calvaire dans un ouvrage qui est devenu un best-seller dans le pays. Outre le cas des éventreurs de Satan, plusieurs serial killers ont sévi en ville, mais aucune de ces affaires n'a eu autant de retentissement que celle de ce tueur nécrophile, pédophile et cannibale, qui a sévi en toute impunité pendant sept ans à partir de 1990, avant d'être arrêté le 30 janvier 1997.

Premières découvertes

Le 8 février 1990, le corps nu d'un enfant noir âgé d'une dizaine d'années est découvert allongé sur le dos devant la *Hoërskool Cillie* (école primaire de Cillie), à Uitenhageweg, un quartier de Port Elizabeth. Il est recouvert de branchages, près d'un banc du jardin qui jouxte l'école. Ses jambes sont repliées à hauteur des genoux, le pénis bien en évidence, la tête repose sur le côté. Il a été étranglé et sodomisé.

Huit mois plus tard, le 3 octobre 1990, une prostituée

noire et bien en chair de 25 ans, Virginia Gysman, est retrouvée entièrement dévêtue, allongée sur le dos, les jambes écartées, devant une entrée de service de l'école primaire de *Dagbreek Laerskool*, à Sentraal, dans le district de Port Elizabeth. Elle a été étranglée avec l'un de ses vêtements qui reste profondément incrusté dans la chair de son cou.

Le 9 janvier 1991, c'est au tour de Marcia Papenfus, une autre prostituée noire de 37 ans, d'être découverte sous des branches de palmiers par des promeneurs dans St. George's Park. Elle est à moitié dévêtue, les jambes écartées et a été étranglée avec l'un de ses sous-vêtements.

Dans le même parc, sur Park Drive, près de l'amphithéâtre, un adolescent anonyme, probablement un enfant des rues, est trouvé sous des palmiers. Il porte des traces de coups sur le visage, ainsi que divers hématomes sur l'une des jambes, et il est nu à partir de la taille. Il a été sodomisé et étranglé à l'aide d'une cordelette blanche. Entre ses jambes écartées, l'assassin a roulé en boule la veste en jean de la victime et, selon un curieux rituel, a placé une feuille de palmier en travers du corps qui recouvre le pénis. Des marques sur le sol indiquent que le cadavre a été traîné jusqu'à cet endroit.

Le 21 septembre 1993, le cadavre en décomposition d'un adolescent reposant sur le flanc, presque réduit à l'état de squelette, est découvert dans la végétation touffue de Millpark, près de Snowden Straat. Il est impossible d'identifier la victime dont on peut dire qu'elle a été étranglée, car un morceau de vêtement bleu est encore noué autour de la gorge.

Aucune des différentes enquêtes sur ces meurtres n'aboutit à l'arrestation ou à l'interpellation d'un suspect. Après tout, chaque année des centaines d'enfants des rues disparaissent sans laisser de traces en Afrique du Sud. Il est malheureusement prévisible qu'un certain nombre d'entre eux connaissent une mort violente dans un pays où l'on dénombre « officiellement » environ 15 à 20 000 meurtres par an. De même, les prostituées qui exercent leur métier dans la rue restent des victimes de choix pour toutes sortes de détraqués.

En règle générale, ces enquêtes ne représentent pas une priorité pour les services de police.

Deux années s'écoulent jusqu'à la découverte, le 28 juillet 1995, de Georgina Zweni, une prostituée noire de 42 ans, dans un coin rempli d'une dense végétation du parc de Prince Alfred, à Sydenham, un quartier résidentiel de Port Elizabeth. Ses vêtements sont éparpillés près d'un étang et son corps, entièrement nu, est allongé sur le dos, les jambes largement écartées, la droite repliée à hauteur du genou. Un tissu est noué autour de son cou. Contrairement aux autres victimes, elle a subi d'abominables mutilations post-mortem, ainsi que le révèle l'autopsie. Une énorme blessure à l'arme blanche bée entre ses seins dont les pointes ont été découpées. Le ventre arbore d'innombrables traces de coups de couteau. Le vagin est totalement déchiqueté et le clitoris semble avoir été arraché à mains nues. La fouille des lieux ne permet pas de récupérer le clitoris et les tétins de la victime : ils ont très probablement été emportés par l'assassin.

Le 25 mai 1996, Katriena Claassen, une prostituée noire de 22 ans, est découverte étranglée avec l'un de ses vêtements, elle est entièrement nue, les jambes écartées, dans un no man's land sordide situé entre la route R102 de Russell Road et la ligne de chemin de fer de Port Elizabeth. Ses habits sont dispersés un peu partout autour d'un unique palmier, seule oasis de verdure dans ce terrain vague fait de béton. Sur le mur qui surplombe le cadavre, on peut lire le graffiti suivant : *Loenie steel nie* (« Tu ne dois pas voler »). Il n'y a aucune trace de mutilation.

Le 9 août 1996, le sergent Stephen Haswell, alerté par des enfants qui jouent dans le voisinage, découvre le cadavre nu et en décomposition d'un adolescent noir, caché dans les buissons d'une colline proche du quartier historique de Port Elizabeth, le Fort Frederick. Le jeune garçon est recouvert de branches d'arbres et il a été étranglé (mais on ne retrouve pas de tissu noué autour du cou) ; l'autopsie ne permet pas d'indiquer s'il a subi des sévices sexuels ou d'identifier la victime qui est, très probablement, encore une fois un enfant des rues.

L'enquête est extrêmement difficile, car ces affaires ne sont pas reliées entre elles par la police, elles sont traitées comme des crimes isolés par les divers commissariats de Port Elizabeth, qu'il s'agisse de celui de Humewood, Louis Le Grange Plein ou Algoa Park. Il n'existe pas d'ordinateur centralisant toutes ces enquêtes et la brigade criminelle de Port Elizabeth n'est pas informée de l'ensemble des cas.

Un suspect sous les verrous

Entre-temps, un pêcheur de race blanche de Port Elizabeth, Stewart Wilken, âgé de 31 ans, semble accumuler les démêlés avec la police locale. Récemment emprisonné sur une plainte déposée par sa seconde épouse Veronica qui l'accuse – peut-être à tort – d'avoir sodomisé les deux fils qu'elle a eus d'un premier mariage, il passe quelques semaines derrière les barreaux, avant d'être relâché consécutivement au retrait de la plainte. En fait, Stewart ne s'entend guère avec sa belle-famille qui est noire et il se dispute constamment avec le frère de Veronica. Malgré les deux filles qui naissent de leur union, le couple se désagrège. Veronica reproche à son mari ses violents accès de colère et ses excès de boisson et de drogue : Wilken passe quelquefois des semaines entières à fumer du *dagga* (marijuana) ou à avaler des comprimés de Mandrax (une drogue dangereuse et bon marché, dérivée de la méthadone). Lui pense que Veronica le trompe et se prostitue quand il part en campagne de pêche. A chaque fois qu'il remet les pieds sur la terre ferme, Wilken examine avec soin le sexe de sa femme et le renifle à la recherche d'odeurs suspectes. Elle finit par refuser tout rapport sexuel, car Stewart aime surtout la sodomie. Leurs querelles s'amplifient et se terminent toujours de la même façon : il quitte le domicile familial pour errer au hasard des rues, parfois pendant des nuits entières.

Stewart Wilken a déjà effectué de nombreux séjours en prison depuis qu'il est adolescent, notamment pour des vols, des agressions ou des bagarres. Son caractère emporté lui vaut la réputation d'un *joller*, un type qui cherche querelle pour un oui ou pour un non. Il faut bien avouer que son existence n'a pas démarré sous les meilleurs auspices. Il n'a pas six mois lorsqu'il est abandonné avec sa sœur de 6 ans par leur père qui les dépose dans une cabine téléphonique. Le père a quitté le domicile familial, sans prévenir sa femme qui ignore le sort de ses deux enfants. Il est recueilli avec sa sœur par un fermier blanc et son épouse qui ne s'intéressent qu'à la valeur marchande de la prise en charge des deux enfants, à savoir les allocations familiales. Avant que Stewart n'atteigne sa deuxième année, sa sœur disparaît un jour ; il apprendra bien plus tard qu'elle a rejoint leur mère biologique. Depuis cette époque, Stewart Wilken n'a plus jamais eu de nouvelles de sa sœur ni de sa mère. Jusqu'à l'âge de 3 ans, il subit un véritable calvaire chez le fermier qui l'oblige à assister en spectateur à des actes de zoophilie. L'homme le force à lui faire des fellations et lui brûle les parties génitales avec une cigarette. L'enfant est infesté de vermine et dans un état de malnutrition permanente : forcé de se nourrir à quatre pattes et de partager la pitance dans les écuelles des chiens. Des voisins, les Wilken, le prennent en pitié et l'adoptent définitivement en lui donnant leur nom de famille. Mais Stewart préfère s'affubler du surnom de *Boetie Boer* (frère Boer).

Il ne s'entend guère avec les autres enfants de sa famille d'adoption qui le ridiculisent et le frappent, à cause de son statut d'adopté. Ses camarades de classe font de même et Stewart réagit avec violence à ces quolibets : il va jusqu'à agresser un de ses professeurs et mord violemment à plusieurs reprises les seins de sa mère adoptive, Joey Wilken. Il subit des châtiments corporels. Parmi ses punitions, la claustration : il est enfermé dans un placard pendant plusieurs heures de suite. Son père adoptif est un bourreau de travail qui ne se préoccupe absolument pas de ses enfants. Ce père absent décède alors que Stewart Wilken est âgé de 9 ans. Le désintérêt du garçon pour tout travail scolaire et ses crises de fureur le font renvoyer de l'école. Il se retrouve dans une maison de correction où il apprend le métier de menuisier. Avec d'autres pensionnaires, il s'enfuit fréquemment. Dès l'âge de 8 ans, Stewart fume de la marijuana et s'adonne à la boisson. Il n'a aucune éducation, lit et écrit avec beaucoup de difficultés. A l'adolescence, il doit abandonner sa formation de menuisier car il est victime d'un grave accident du travail au bras.

Peu de temps après, il fait la connaissance de sa première femme, Lynn Anthea, qui a déjà une fille. Une autre fille, Wuané, naît de leur union le 24 décembre 1986, puis une autre l'année suivante. Après cette seconde naissance, leur ménage bat de l'aile. Stewart Wilken, qui part en mer pendant plusieurs mois, suspecte Lynn de s'adonner à la prostitution et de négliger l'éducation des enfants. Il exige des rapports sexuels uniquement par voie anale et se montre très brutal : Lynn doit écarter au maximum les jambes, avec un pied posé sur le lit et l'autre sur le rebord de la fenêtre. Ils se disputent constamment et finissent par divorcer. Lynn obtient la garde des enfants et Stewart n'a même pas le droit de venir les voir à la maison. A chaque fois qu'il leur rend visite, Lynn prévient la police. Dans les mois qui suivent, *Boetie Boer* vit avec une femme noire, car il craint de coucher par accident avec sa sœur qu'il n'a plus jamais revue depuis ses 2 ans. De même, lorsqu'il fréquente des prostituées, ce sont toujours des Noires. Sa nouvelle amie décède de maladie et Wilken épouse Veronica, qui est noire, en 1990.

A la fin du mois de septembre 1995, Stewart Wilken rend visite à ses deux filles chez son ex-femme qui s'est remariée.

Il a entendu dire que sa fille Wuané est molestée sexuellement par son beau-père, Michael Loots, et que les deux enfants ne mangent pas à leur faim. Il en est convaincu lorsque Wuané lui fait part de son désir de s'enfuir de chez elle. Il la prend par la main et l'emmène vers un endroit qu'il connaît bien, pour y avoir joué, enfant, et s'y être réfugié, adulte, pour dormir à la belle étoile. Ce parc, resté à l'état sauvage, se situe juste derrière le parking de l'ancien Elizabeth Hotel, devenu Holiday Inn, mais il ressemble à une vraie jungle à cause de la densité de sa végétation. *Boetie* aime cet endroit, où il a vécu quelques-uns des très rares moments heureux de son existence. Seule la compagnie de la mer, lorsqu'il part pour ses longues expéditions de pêche, lui donne cette impression de calme et de sérénité. Une fois sur place, Stewart Wilken examine le vagin de sa fille et constate avec horreur qu'elle n'est plus vierge. Il refuse de la voir souffrir ainsi, il ne veut pas qu'elle connaisse la même existence misérable que lui.

Cette nuit-là, Wuané Wilken disparaît sans laisser de traces. Sa mère, Lynn Loots, l'ex-femme de Stewart, ne semble guère préoccupée par la disparition de sa fille puisqu'elle met plusieurs jours avant de se rendre au commissariat de son quartier. Une enquête est ouverte et, bien que Stewart ait été la dernière personne aperçue en compagnie de Wuané, il n'est pas mis en examen ni inquiété. *Boetie Boer* reconnaît tout à fait s'être promené avec elle, tout en déclarant ignorer ce qu'elle est devenue par la suite.

Un an et demi plus tard, le 22 janvier 1997, Stewart Wilken est convoqué au tribunal pour répondre aux accusations de Veronica qui affirme qu'il a violé ses deux fils. Le même jour, il décide de rendre visite à Helen, l'une de ses maîtresses occasionnelles, où il retrouve son fils noir de 12 ans, Henry Bakers. Tous deux partent se promener dans la lande proche du parc d'Algoa. Henry, qui a une petite amie, souhaite demander conseil à Stewart sur tout ce qui touche au sexe.

Henry Bakers, tout comme Wuané Wilken, disparaît sans laisser de traces et une déclaration est effectuée au commissariat local le 25 janvier, soit trois jours plus tard.

Dans les deux cas, Stewart Wilken est la dernière personne à avoir été aperçue en compagnie des enfants, mais il n'existe aucune preuve à son encontre. La brigade des mineurs est perplexe, car l'homme semble convaincant lors de son interrogatoire du 28 janvier : il affirme avoir accompagné Henry Bakers jusqu'au parc, puis avoir dormi à la Mission, un abri pour les démunis ; il propose même ses services pour partir à la recherche des disparus. Les enquêteurs le soupçonnent fortement et, en désespoir de cause, ils décident de faire appel à un jeune sergent, Derick Norsworthy, de la brigade criminelle de Port Elizabeth. Derick a suivi les cours de Micki Pistorius. Entre-temps, la police constate que l'alibi de Wilken ne tient pas, car aucun témoin ne l'a vu dormir à la Mission de Port Elizabeth, le soir où le petit Henry a disparu.

L'interrogatoire

Le 31 janvier 1997, *Boetie Boer* est convoqué par le sergent Derick Norsworthy dans son bureau du commissariat de Darling Street. Les deux hommes se trouvent face à face, dans une petite pièce de quatre mètres sur quatre, aux murs en contreplaqué. Pour tout ameublement, les bureaux en bois de Derick et de son partenaire Craig Le Roux. Stewart Wilken s'installe sur une chaise noire au centre de la pièce. A cet instant, il est un simple suspect dans la disparition des deux enfants, mais Derick, qui a contacté Micki Pistorius, est presque certain de la culpabilité de *Boetie Boer*.

« L'enquête débute en 1997, avec la disparition d'un petit garçon du nom de Henry Bakers. C'est une femme sergent de la brigade des mineurs qui est en charge de ce cas. Durant ses recherches, elle identifie Stewart Wilken comme étant le suspect n° 1. A cette époque, nous n'avons pas de corps, mais Stewart a été aperçu en train de rôder autour de la maison de l'enfant. Quand elle l'interroge, il nie toute participation à un quelconque délit, tout en proposant son aide pour l'enquête. Il présente un alibi, mais rapidement elle se rend compte que celui-ci ne tient pas debout. Au sein de la brigade des mineurs, on sait que je viens de suivre les cours de Micki Pistorius au Cap sur tout ce qui touche aux crimes sexuels, aux serial killers et autres pédophiles. Du coup, ils pensent tout de suite que cela vaut le coup que j'interroge Stewart. Après tout, que risque-t-on, puisqu'il n'existe aucune preuve contre lui ?

« En fouillant les archives des divers commissariats et en examinant le casier judiciaire de *Boetie*, je constate qu'il est peut-être aussi impliqué dans la disparition de sa propre fille, en septembre 1995. Quelques mois plus tard, les restes squelettiques d'une fillette sont retrouvés dans les bois de Happy Valley, derrière le Garden Court Holiday Inn Hotel, et les premières analyses laissent à penser que ce sont ceux de Wuané Wilken. Ils seront définitivement identifiés plus tard grâce à une radio dentaire retrouvée chez un dentiste.

« J'ai informé Stewart Wilken de ses droits et il a décliné la présence d'un avocat, car il n'avait rien à se reprocher et voulait voir s'il pouvait aider dans l'enquête (qui concerne Henry Bakers). Il était très sûr de lui, presque arrogant. Une fois dans mon bureau, je l'ai sciemment installé face à un mur où j'avais punaisé des photos de ma propre fille, ainsi que certains de ses dessins. Stewart était totalement subjugué par son portrait. J'ai dû répéter plusieurs fois mes questions pour rompre cette fascination. Stewart a aussi examiné les différents diplômes encadrés sur les murs et il m'a demandé à quoi ils correspondaient. Lorsque je lui ai expliqué que j'étais devenu un expert en matière de psychologie des tueurs en série et de crimes sexuels, son attitude a changé sur-le-champ. Au début de notre entretien, Stewart semblait plutôt confiant, vantard, rusé et manipulateur. Mais cette façade s'est lézardée quand il a appris la signification de mes diplômes. J'ai lu de l'inquiétude dans ses yeux. Il est devenu très nerveux, il s'est senti dominé et il a manifesté de la peur, car il a dû se rendre compte que, cette fois-ci, il n'allait pas ressortir libre de mon bureau. Son regard se portait sans cesse et alternativement sur les photos de ma fille et sur les diplômes.

« Je ne lui ai posé aucune question sur Henry Bakers ou Wuané. L'interrogatoire a démarré par des questions sur son passé. A l'école, il est impliqué dans des bagarres et exprime une grande agressivité. Son renvoi de l'établissement est décidé après qu'il a frappé un enseignant et il se retrouve dans une maison de correction. Il est éloigné de sa famille d'adoption et il en souffre énormément, car il adore sa mère qui est pourtant très sévère avec lui. Une fois, il fait une fugue pour tenter de la rejoindre. A cette époque, son comportement est déjà anormal et asocial. Il s'engage dans l'armée, mais cela ne dure que quelques mois, car il ne supporte pas la discipline. C'est pendant son service militaire à Bethlehem qu'il rencontre “l'amour de sa vie”, dans une pharmacie où elle travaille, à 90 kilomètres de la ville. La jeune femme se prénomme Cathy, c'est la fille d'un riche fermier. Mais la mère adoptive de Stewart, Joey Wilken, ne donne pas son accord à leur union et la relation prend fin. Dans cette région qu'il ne connaît pas, Stewart se sent désespérément seul, il n'a pas d'amis et n'arrive pas à faire confiance aux gens. Peu de temps après ce mariage avorté, il recommence à souffrir de terribles migraines qui seraient dues aux séquelles d'un accident de la route pendant son enfance, où il aurait été renversé par une voiture. Il tente de se suicider et on le renvoie de l'armée. Il retourne à Port Elizabeth pour travailler chez un soudeur où il ne reste pas longtemps à cause de problèmes de drogue.

« Lorsqu'il rencontre sa première femme, Lynn Anthea, tout se passe bien au départ. Ils ont une première fille ensemble, Wuané ; sa femme avait déjà un enfant d'un autre homme. Il raconte qu'à cette époque, il découvre les aventures extraconjugales de son épouse. Il en éprouve une énorme souffrance et tente même de l'étrangler. Le mariage s'effondre. Stewart n'a pas encore commis d'actes criminels, mais il moleste déjà des enfants. Pour survivre, il travaille comme pêcheur. Pour lui, la mer est comme une femme. Les conditions sur les bateaux sont très dures, les hommes prennent beaucoup de drogue, ils dorment dans des conditions difficiles, tout est constamment humide et, avec les tempêtes, les navires sont secoués violemment. Wilken ressent des émotions contradictoires. Vivre en mer est une façon pour lui de dépasser son incapacité à survivre sur la terre ferme. Il nourrit beaucoup de fantasmes, parce qu'il n'a pas de rapports sexuels pendant de nombreuses semaines. Personne ne l'a jamais rendu heureux ou ne lui a donné l'impression de se sentir en sécurité. En mer, il se sent apaisé et à l'aise. Il part parfois pour trois mois. Il m'explique qu'il peut parler à la mer qui ne le laisse jamais tomber. Elle lui donne la vie en lui fournissant du poisson. Il me décrit la mer comme une femme qui a ses règles lorsqu'elle se met en colère, puis qui se nettoie. Les termes qu'il emploie sont très crus et imagés.

« Après avoir quitté son épouse et perdu la garde de ses enfants, il a des relations avec plusieurs autres femmes, toutes noires, mais cela ne dure jamais plus de quelques semaines. Je le fais parler de ses petites amies. Il me déclare même qu'il boit le sang menstruel d'une de ses maîtresses et qu'il déteste les prostituées. Il voit sa première femme comme l'une d'entre elles. Il estime avoir le droit de faire l'amour avec des prostituées, mais il refuse de les payer pour ça. Stewart a un réel dégoût pour la prostitution. A cause de sa première épouse, il considère toutes les autres femmes comme des putes, selon ses propres termes. Puis il fait la connaissance d'Helen Bakers, la mère du petit Henry, mais elle le quitte au bout de trois mois, car Stewart se drogue en permanence.

« Pendant l'entretien, il a été très surpris que je sois au courant de la disparition de sa fille : j'ai tout de suite vu que j'avais marqué un point. Dès que je l'évoquais, il devenait nerveux. Grâce à la formation que j'avais suivie sous l'égide de Micki, j'étais persuadé que Stewart avait tué ces deux enfants et qu'il y avait sûrement d'autres victimes. Car Micki nous avait longuement parlé du profil psychologique des serial killers, de leur histoire familiale et des sévices que la plupart d'entre eux ont subis durant leur enfance. Stewart représentait presque un cas d'école de ce type d'abus.

« A ce moment de l'entretien, j'ai arrêté de lui poser des questions pour le laisser fixer la photo de ma fille, parce que je voulais l'interroger sur la disparition de son propre enfant. Il était évident qu'il était très affecté et troublé par son regard innocent. Il a cessé de s'intéresser à moi, comme hypnotisé par la photo. Quand j'ai commencé à l'interroger sur l'autre aspect de sa personnalité, l'individu violent et querelleur, ce *Boetie Boer* qui cherche la bagarre dans les bistrots du port, il est sorti de ses gonds. Il avait les bras tout raides le long du corps, les yeux exorbités, on aurait vraiment dit un démon ou l'incarnation de Dracula. La transformation était radicale et effrayante. J'ai dû le calmer et il est redevenu lui-même, dès qu'il a senti qu'il n'y avait plus de menace. J'ai interrompu pendant un quart d'heure l'interrogatoire, il était environ 15 h 20, car Stewart souffrait de violents maux de tête. Je lui ai apporté un cachet et de l'eau. Je l'ai laissé reprendre ses esprits pendant une dizaine de minutes. Il n'avait rien mangé depuis deux jours par manque d'argent. J'ai été lui acheter quelque chose. Peu après, j'ai interrompu l'entretien, vers 17 h 25, car j'étais appelé sur une autre affaire, un vol à main armée. »

Sur les lieux du crime

« A mon retour, il est 18 h 30, j'ai décidé de changer de technique d'interrogatoire pour lui poser des questions beaucoup plus directes sur Henry Bakers. C'est comme cela qu'il a fini par craquer et m'avouer qu'il l'avait tué, ainsi que sa propre fille. Détail effrayant : avant de se rendre à mon bureau pour l'interrogatoire, Stewart a avoué avoir pris le temps de violer le cadavre en décomposition de Henry Bakers. Pour éviter que les asticots ne pénètrent dans l'anus, il avait prémédité son geste en y plaçant du papier journal. Une fois ses aveux enregistrés, nous sommes allés filmer les lieux de ces deux crimes, afin que Stewart nous indique précisément les emplacements des corps. Le corps du petit Henry grouillait littéralement d'une masse blanche d'asticots et, sous la faible lumière d'un unique projecteur, c'était vraiment une vision cauchemardesque.

« Les bois situés derrière le Holiday Inn Garden Court étaient ceux où nous avions retrouvé les restes squelettiques de sa fille Wuané dont le cadavre était recouvert par un bout de plastique bleu. En voyant comment Stewart se déplaçait de nuit dans cette végétation dense et dénuée du moindre repère, je me suis dit qu'il avait dû y venir très souvent. Les vêtements de Wuané étaient cachés un peu plus loin, près de deux pneus, pour marquer l'endroit. On a eu cette image très étrange d'un Stewart se mettant à quatre pattes pour gratter frénétiquement le sol à la recherche de la petite culotte de sa fille, comme un chien qui veut retrouver son os. Il était vraiment obsédé par le fait de retrouver la culotte. Cela m'a semblé étrange car, plus tôt, il m'avait affirmé ne jamais avoir eu de rapport sexuel avec elle. Cette histoire de culotte m'a conduit à penser le contraire. Il m'a raconté qu'il passait presque toutes ses nuits auprès du corps de sa fille. Il venait lui dire qu'il était désolé de l'avoir tuée, mais que cela valait mieux pour elle de ne pas connaître la même existence de souffrance que lui. Parfois, il a fait preuve d'émotion et de regrets, il a pleuré, mais quand nous sommes allés sur place, Stewart est resté froid et placide.

« Lorsque nous sommes revenus au commissariat, j'ai installé Stewart sur la même chaise et je lui ai dit que je savais qu'il y avait d'autres victimes. Il m'a fixé quelques secondes avant de me demander si je voulais tout connaître sur les douze personnes qu'il avait tuées. Pendant les heures, les jours et les semaines qui ont suivi, j'ai longuement discuté avec Stewart, tout en consultant des dossiers d'affaires non résolues qui croupissaient dans les archives des divers commissariats de Port Elizabeth. Petit à petit, j'ai amassé suffisamment de preuves pour confirmer les aveux de Stewart.

« Il y a eu des moments où, en parlant avec Wilken, j'ai presque ressenti de la peine pour lui, car il a beaucoup souffert. Et il souffre toujours. Quand nous avons discuté du meurtre où il a tranché les seins de sa victime, je lui ai posé cette question : "Quel goût avaient-ils ?" La question m'est venue automatiquement, sans réfléchir. Il m'a répondu : "Ça a le goût de calamar." J'étais dans sa tête, mais en même temps, j'avais un certain recul, à cause de ma formation et de mes croyances religieuses. Je participais à ses fantasmes, à travers ses yeux, et je le comprenais. Mais jamais je ne me suis dit : "Qu'est-ce qui va se passer maintenant, si je m'attaque à ma femme, que je l'éventre, que je la découpe en morceaux, que je mange ses seins, quel goût cela va-t-il avoir ?" Jamais une telle pensée ne m'a traversé l'esprit. Mais j'étais dans la tête de Wilken, pendant qu'il violait les prostituées.

« Ma fondation est Dieu. Je crois en Dieu. Notre travail est très dangereux, tous les ans en Afrique du Sud, plus de 300 policiers sont tués en service, et si vous n'avez pas Dieu, vous êtes fichu. Vous n'avez aucune chance face à ces monstres. Le mal est partout et si vous n'êtes pas protégé, vous tombez dans le piège. Même si je partage les fantasmes d'un serial killer, pour moi, c'est toujours resté un fantasme. Jamais je n'ai senti que cela pourrait devenir une réalité.

« Nous sommes entraînés d'un point de vue psychologique pour ne pas ressentir d'émotions personnelles. Quand nous avons démarré l'interrogatoire, je n'ai pas laissé transparaître mes émotions. Je n'ai jamais été jusqu'à penser que je le tuerais, même si j'étais dégoûté par ses actes. L'objet de l'entraînement que nous suivons avec Micki est justement de ne pas montrer nos réactions personnelles, même si vous êtes écœuré par ce que raconte le tueur, afin de ne pas déstabiliser la relation que vous établissez avec lui. Le type ne parle pas, s'il n'a pas confiance. Et comment pourrait-il avoir confiance, si vous montrez que ce qu'il a fait vous dégoûte ? Vous êtes dans un rapport professionnel, même si c'est difficile. Par exemple, Stewart a eu très peur à cause des nombreux journalistes, lorsqu'il s'est rendu pour la première fois au tribunal. Pour le rassurer, je me suis enchaîné à lui. Et je lui ai dit que s'ils voulaient le frapper, il faudrait d'abord qu'ils me passent dessus. Il s'est instauré à ce moment-là une sorte de relation père-fils entre nous, ainsi qu'une confiance réciproque. »

Le travail de Micki Pistorius

« Même si elle n'est pas directement intervenue sur l'enquête, la contribution de Micki a été déterminante, affirme Derick. Sans elle, Stewart Wilken serait toujours en liberté, en train de tuer et de violer d'innocentes victimes. Nous travaillons à l'aide d'une méthode particulière qui nous a permis de l'identifier, de comprendre qu'il ne s'agissait pas d'une simple affaire criminelle. Du coup, cela nous a obligés à intensifier nos investigations et, grâce aux informations que nous avons recueillies, nous avons compris que nous avions affaire à un serial killer. Des milliers d'enfants disparaissent chaque année en Afrique du Sud, ils fuguent ou partent vivre dans les rues, car les parents estiment que cela fait une bouche de moins à nourrir. C'est un triste constat et les criminels profitent de cette opportunité. Lorsque nous interrogeons des suspects ou des personnes susceptibles d'être impliquées dans ces meurtres, la formation prodiguée par Micki permet de dire si nous avons affaire à un tueur potentiel.

« Au départ, quand elle a été engagée en 1994, beaucoup de grands patrons de la police se sont moqués d'elle, car ils l'ont considérée comme une novice. Sur l'affaire de l'étrangleur du Cap, elle a dû affronter beaucoup d'hostilité. Bien évidemment, les flics apprécient la compagnie d'une femme, surtout si celle-ci est séduisante. C'est un aspect des choses qu'ils aiment, mais pour eux, la place d'une femme est à la maison. Et Micki était tout le temps présente. Elle est très tenace, elle veut toujours s'impliquer jusqu'au bout des choses et c'est cela qui dérange les hommes. Je suis sûr que cela a été dur pour elle, mais Micki s'est accrochée. Elle est persévérante. On pouvait la chasser cinquante fois et elle revenait cinquante et une fois ! A la longue, les gars ont baissé les bras et accepté sa présence. Et du coup, lorsqu'elle prenait la parole, ils l'ont écoutée. Peut-être qu'ils se sont sentis menacés par elle, car ils ignoraient tout de sa façon de travailler. Si on ne connaît pas quelqu'un, on a peur. Une fois qu'on commence à la connaître et qu'elle vient avec sa méthode qui, une fois appliquée, donne des résultats, il faut ravaler sa dignité. Si j'apprends quelque chose de nouveau, je l'applique pour voir si ça fonctionne, et dans le cas de Stewart Wilken, ça a marché ! Il existe encore des policiers qui estiment que les méthodes de Micki ne servent à rien, parce qu'il est vrai qu'une fois le profil établi, il reste à identifier le suspect et à l'attraper. Mais le profil nous aide à resserrer notre enquête et à la recadrer. On peut avoir un mec qui fait des aveux, mais qui, en fait, n'est pas le coupable. Avant, il nous aurait fallu du temps pour le savoir, mais Micki interroge le suspect pendant une demi-heure, elle peut nous déclarer : “Il ment”, parce qu'elle utilise une approche psychologique. Nous lui avons aussi beaucoup appris sur nos techniques d'enquête. Elle n'a jamais suivi les cours de l'école de police et elle ne possède pas notre expérience de terrain. Ensemble, nous formons une bonne équipe et les résultats parlent d'eux-mêmes. Si ces méthodes n'avaient pas fonctionné, Micki n'aurait pas fait long feu dans la police. Aujourd'hui, même si elle quitte le service, il y aura toujours des psychologues à nos côtés. C'est un fait acquis grâce à elle.

« Micki est une experte mondiale des serial killers, elle s'est battue pour imposer son travail à la brigade criminelle du Cap sur l'affaire de l'étrangleur, ainsi que pour mettre en place une méthode d'investigation psychologique. Lorsque j'ai suivi ses cours pour la première fois, ses idées m'ont paru étranges. Elle a apporté des photos de cadavres qu'elle a projetées et nous nous sommes dit, avec les autres policiers, qu'elle était un peu dingue. Après les cours, nous avons compris pourquoi elle avait recours à ces photos et nous nous sommes mis à penser autrement. Nous autres enquêteurs sommes formés dans un certain moule et elle nous a apporté une autre dimension. Quand nous examinons un cas, même un simple meurtre, nous n'avons qu'une manière de penser, celle qui nous a été transmise par des générations entières de flics. Et maintenant, cette femme psychologue nous parle d'ego, de rentrer dans la tête du suspect, de retracer son cheminement psychologique, de programme neurolinguistique, de tout un tas de choses dont on ignore jusqu'à la signification des termes. C'est un nouveau langage.

« Micki est géniale sur une scène de crime, elle a une approche différente de la nôtre. Alors que nous cherchons des pièces à conviction, telles que du sang ou du sperme, des éléments concrets, elle se promène la tête en l'air, comme pour s'imprégner de l'atmosphère du lieu. A plusieurs reprises, j'ai été désarçonné par ses questions : “Qu'est-ce que tu ressens en ce moment ?” Une drôle de question, car je n'éprouve rien, je fais juste mon boulot. Je pense que nous sommes peut-être passés à côté d'éléments importants lors de nos enquêtes précédentes, parce que Micki sent des choses sur la scène de crime, tandis que nous nous contentons de les regarder. Elle nous dit : “Il a apporté le corps de cette façon.” Lorsque je lui demande pourquoi, Micki répond : “Essaie de penser comme lui.” Et si je sais pourquoi le tueur a agi ainsi, je sais alors quel genre de pièces à conviction il faut rechercher. Par exemple, dans le cas de Wilken, on peut se demander pourquoi il a déposé le corps de sa fille si loin de son domicile et à cet endroit précis. On pourrait penser que c’est parce que le lieu est boisé et à l’écart de toute habitation, mais en fait c’est plus compliqué. Wilken a emmené Wuané, qui devait déjà être inconsciente ou endormie, pour assouvir des fantasmes qui le poussaient à agir ainsi. Micki m’a dit qu’il se sentait en sécurité à cet endroit et qu’il y avait certainement vécu des moments heureux. Ce type de criminel est souvent claustrophobe, il redoute toute forme d’enfermement. Wilken ne cache pas le corps à l’intérieur, car il a cette phobie ; il en va de même pour tous ses autres crimes. Ce n’est pas le genre de questions que je me pose sur une enquête : si le tueur est claustrophobe, nous autres, on s’en fiche ! Micki pense à ces détails, alors qu’ils ne nous avaient jamais effleuré l’esprit auparavant. Nous avons appris à appliquer ses méthodes, même si elle n’est plus à nos côtés pour nous aider. Grâce à cette formation, nous possédons une double approche, celle de l’enquêteur et celle du psychologue. »

Les fantasmes du tueur

« A partir du moment où l’équipe a pressenti qu’il s’agissait d’un serial killer, j’ai téléphoné à Micki pour lui exposer le cas de la disparition de ces deux enfants. Ses conseils ont été tout à fait judicieux et elle m’a aidé personnellement à préparer l’interrogatoire du 31 janvier. C’était difficile de parler à Wilken, car il essayait en permanence de me déstabiliser, de me contrôler et de me mettre la pression. Sans les conseils avisés de Micki, j'aurais été plus agressif et j'aurais bloqué la communication entre nous, à cause de mon malaise. A d'autres moments, lorsque je voulais savoir comment m'y prendre, quand je me sentais déprimé ou rejeté par Wilken, j'appelais Micki pour qu'elle me vienne en aide. Je ne me suis jamais défoulé sur ma famille en rentrant chez moi. Je savais que Micki était toujours disponible et que je pouvais la joindre à tout moment sur son portable. »

Le sergent Derick Norsworthy a décelé en Stewart Wilken un tueur en série potentiel, grâce à la formation suivie auprès de Micki Pistorius. Lors de ces cours, il a compris que l'état psychologique d'un tel criminel est souvent la conséquence de sévices réels ou imaginaires vécus pendant l'enfance. Ensuite, c'est une sorte d'escalade qui peut déboucher sur des crimes de plus en plus violents : problèmes de scolarité, rébellion vis-à-vis de toute forme d'autorité, vols, cambriolages, troubles graves de la personnalité, abus d'alcool et/ou de drogue, agressions, viols, etc., avec un lourd passé judiciaire. Tous ces éléments sont réunis lorsque Derick commence l'interrogatoire de Wilken, avant que celui-ci avoue qu'il y a d'autres victimes. Pourquoi? Là encore, Micki Pistorius lui a appris qu'un serial killer démarre, en règle générale, sa série de crimes lorsqu'il est âgé d'une vingtaine d'années, or Wilken a 31 ans. Un autre élément important confirme cette hypothèse : la ritualisation de la scène de crime de Wuané Wilken – corps caché sous un palmier, vêtements emportés. Ce rituel élaboré et sophistiqué prouve que les fantasmes de l'assassin sont arrivés à maturation, après des années de gestation. En revanche, le sergent Norsworthy est surpris de constater que Stewart Wilken s'attaque à deux catégories de victimes, avec, pour chacune, une signature particulière, ce qui est rare chez les tueurs en série. Les prostituées sont abandonnées dans des postures dégradantes et des lieux publics, tandis que les enfants sont abrités sous des feuilles de palmier ou dans les sous-bois.

« Pendant l'enquête, j'ai souvent feint de me retrouver dans la position du plus faible en demandant à Stewart de m'aider à découvrir des objets cachés. Il se moquait de moi en disant que j'étais "trop stupide" pour retrouver les vêtements qu'il avait enfouis sur la scène du crime. A plusieurs reprises, je l'ai sorti de prison et il nous narguait en déclarant : "Tu es vraiment trop stupide, car tu n'as toujours pas découvert les habits de ma fille. Je vais t'aider, on va aller les chercher." Il aime manipuler et avoir l'impression de contrôler la situation, un peu comme un enfant qui échange des images avec un copain de classe. Il est à la recherche de reconnaissance. Quand il a reconnu les mutilations post-mortem d'une des prostituées, il m'a indiqué qu'il avait caché dans un endroit spécial le clitoris arraché au corps de sa victime. Je n'ai jamais su la vérité à ce sujet.

« Je vais vous donner un exemple précis de l'attitude de Stewart, avec le crime de Henry Bakers. J'étais revenu plusieurs fois sur les lieux depuis la découverte du corps. Je tentais de comprendre les pensées de Wilken et de ressentir ce qu'il éprouvait. Il m'a donné une énigme à résoudre : "Tu vas retrouver les habits pas très loin du cadavre. Il faut que tu regardes où les oiseaux volent !" Et il s'est marré. Avec plusieurs collègues, je me suis baladé un peu partout le nez en l'air, à la recherche d'oiseaux. Il avait peut-être mis les vêtements dans un nid. Cette zone du parc est un peu comme une jungle, c'est un endroit marécageux où la végétation est très dense. Nous avons utilisé des chiens, mais sans succès. En fait, nous avons retrouvé les habits près d'un mur, cachés par des branchages, à dix ou quinze mètres du corps. Un inspecteur a vu cet énorme pénis dessiné grossièrement sur le muret et je me suis souvenu qu'en langue afrikaans le même mot d'argot désigne les oiseaux et le pénis. Quand il m'a donné cet indice, il m'a dit : "Rentre chez toi et penses-y, fais tes devoirs." Le pénis est incliné dans la direction des habits. Je cherchais des nids d'oiseaux, alors qu'il faisait référence au pénis. Il habitait près de cet endroit qu'il devait bien connaître, mais le pénis indiquait une direction à l'opposé de son domicile. A côté du dessin, il y avait un graffiti en afrikaans qui déclarait : "Je suce des bites !" Il s'est bien moqué de nous dans cette histoire.

« Le vendredi quand il est venu dans mon bureau, il l'a fait librement, il était juste un témoin. Stewart portait un grand sac et était sûr de lui. Physiquement, il était très impressionnant et lorsqu'il a révélé pour la première fois sa double personnalité de *Boetie Boer*, j'ai été surpris, effrayé même, mais je ne lui ai jamais laissé voir que j'avais peur. Je me suis demandé ce qui allait se passer. Peu de temps après, Stewart s'est confessé et il m'a donné son sac. "Pourquoi ? lui ai-je demandé. — Parce que mon couteau de pêche est dans le sac. J'ai peur de me tuer ou de frapper quelqu'un." Effectivement, il y avait dans le sac un long couteau pointu à la lame très effilée. Mais il n'a jamais fait preuve de la moindre agressivité ou violence à mon égard. Je crois qu'il s'est rendu compte qu'à l'intérieur de mon bureau, c'était différent du monde extérieur et qu'il était en face de quelqu'un qui le comprenait. A un moment donné le serial killer en a assez de tuer. L'état d'isolement dans lequel il s'enferme finit par lui peser et il a envie de partager *son œuvre*. Il s'est sans doute confié à moi parce que je ne lui ai jamais manifesté de dégoût.

« L'enquête qui a suivi m'a permis de mieux connaître le personnage et ses proches, notamment sa première femme, Lynn Loots, un être foncièrement mauvais. Lorsque sa fille Wuané a disparu, elle a attendu presque une semaine avant de le signaler aux services de police. Après le procès de Stewart, elle a même tenté de faire croire aux services sociaux que sa fille Wuané était toujours vivante, afin de leur soutirer des allocations familiales. C'est le genre de personne qui ferait n'importe quoi pour de l'argent. La douleur et la souffrance de ses enfants ne l'affectent pas tant qu'elle peut obtenir de l'argent. Elle a perdu tout instinct maternel, n'a aucun principe d'éducation et a rejeté ses enfants. Une fois, Stewart a essayé de l'étrangler et malgré tout elle a continué à vivre avec lui. Après Wilken, Lynn a vécu avec deux autres hommes qui l'ont régulièrement battue et qui molestaient ses enfants.

« Lors de mes différentes discussions avec Wilken, il m'a appris des détails intéressants sur ses crimes. Pour éviter qu'on ne retrouve trop rapidement les corps des enfants qu'il avait cachés, il frottait la plante des pieds des victimes avec du beurre et du vinaigre pour que les chiens policiers ne puissent pas les sentir. Cela ne concernait pas les prostituées, car Stewart voulait qu'elles soient trouvées tout de suite et dans des postures dégradantes. Quand il était sur le point de tuer quelqu'un, Stewart se voyait comme un être supérieur, un géant, tandis que sa victime n'était qu'une minuscule tache insignifiante, un point proche du néant. Une toute petite chose qu'il pouvait facilement écraser. C'est lui qui détenait le pouvoir. Les prostituées n'ont aucune importance à ses yeux. Pour les enfants, c'est différent, il couvre les corps avec des branches de palmier ou des buissons pour que leurs âmes montent au ciel, à Bethlehem, tandis que les prostituées vont en enfer. A deux reprises, Stewart s'est mêlé à la foule des badauds lors de la découverte des cadavres de prostituées dans les parcs. Il m'a avoué avoir éprouvé un plaisir pervers quand un agent est venu lui demander s'il avait vu quelque chose ou s'il connaissait la victime. En même temps, il observait la manière d'opérer des enquêteurs sur les lieux d'un crime.

« Dès mon plus jeune âge, j'ai voulu devenir flic et je me souviens avoir été marqué par la vision de ce film, *Le Sixième Sens* (*Manhunter*) de Michael Mann, adapté d'un roman de Thomas Harris, où un agent du FBI se met dans la peau d'un serial killer pour l'arrêter. Jamais je n'aurais cru qu'un jour mon rêve se réaliserait. Etre si proche de cet homme s'est révélé une grande expérience pour moi. Mes collègues m'ont demandé comment j'avais pu établir une relation avec un monstre tel que Stewart Wilken. Ils ne comprenaient pas ce besoin. Moi, je voulais être dans sa tête, partager ses fantasmes. Je ne voulais pas me contenter de simples aveux. Je voulais savoir pourquoi, connaître son histoire, ce qui l'a amené à commettre de tels méfaits. Mais l'une des questions que je me posais est restée sans réponse : qu'est-ce qui l'a poussé à son premier passage à l'acte ? Des experts m'ont proposé des réponses. Certains m'ont dit que Stewart était un lâche qui voulait assouvir ses pulsions et ses fantasmes. Mais personne n'a jamais pu me donner la réponse : pour moi, Stewart demeure une énigme.

« Wilken a été inculpé pour 10 meurtres et comme il en a avoué 12, nous sommes partis à la recherche de preuves pour ces deux autres crimes. Nous n'en avons jamais trouvé. Il y avait suffisamment d'éléments d'accusation pour 10 meurtres, mais il a été condamné pour 7 d'entre eux, le 23 février 1998. Sept peines de prison à perpétuité, sans possibilité d'une quelconque libération. Micki Pistorius et le Dr Toviah Zabow, de l'hôpital psychiatrique de Valkenberg, ont tous deux indiqué au juge qu'il n'existait aucune chance que Stewart Wilken puisse être réhabilité un jour.

« Le lendemain de ses aveux, je lui dis : “Je sais qu'il y a d'autres corps” et, brusquement, il me répond : “Tu veux les douze ?” Ce chiffre a été donné spontanément, et je l'ai cru. Un peu plus tard, Stewart m'a parlé de 50 meurtres. Je ne sais pas s'il a dit la vérité, je suis enclin à croire qu'il a exagéré une fois de plus. C'était encore sa façon de me dire que c'était lui qui dirigeait les opérations, que j'étais sous son contrôle. Néanmoins, cette idée continue de me hanter. »

CHAPITRE VIII

Le cannibale se met à table

Après sa condamnation, Stewart Wilken a été incarcéré dans l'établissement pénitentiaire de Saint Alban's, à moins d'une demi-heure de route de Port Elizabeth. Il est dans un bâtiment sous régime de sécurité maximale, des mesures disciplinaires draconiennes l'entourent. Dans cette unité, il y a un gardien par détenu, tous assassins ou violeurs en série. C'est là que les condamnés à mort étaient exécutés, jusqu'à l'abolition de la peine de mort en Afrique du Sud, en novembre 1989. Saint Alban's est considérée comme une *Maximum Security Prison.* A l'heure actuelle, les 227 prisons sud-africaines renferment plus d'un million de détenus pour 31 000 gardiens et personnels pénitentiaires. On estime à environ 100 000 le nombre de lits manquants, ce qui cause un problème de surpopulation. Près de 60 000 détenus sont incarcérés dans l'attente de leur jugement. Le label de haute sécurité implique une politique de tolérance zéro vis-à-vis des prisonniers qui sont enfermés dans une cellule individuelle vingt-trois heures sur vingt-quatre (c'est le cas de Wilken). Ils ne quittent leur cellule que menottés et ont droit à trois visites par mois, derrière une paroi vitrée. Ils ont les jambes entravées et ne sont pas autorisés à fumer, à posséder des appareils électriques, pas même un téléviseur. Leur seule heure d'exercice se déroule dans une cour fermée. Ils mangent dans leur cellule avec des ustensiles en plastique. Pour se raser, on leur donne une crème dépilatoire, en lieu et place d'un rasoir. La vidéosurveillance est permanente, de jour comme de nuit. Les appels téléphoniques sont autorisés dans la limite de dix minutes par semaine. Tous les détenus doivent se lever à six heures et ils ont droit à une douche par jour. Le courrier n'est pas limité, mais il est systématiquement lu et les colis fouillés. Leur régime consiste en trois repas par jour : petit déjeuner avec porridge, café, pain, lait, sirop et beurre ; déjeuner avec viande ou poisson, deux légumes, salade et boisson fraîche ; enfin le dîner comprend cinq tranches de pain beurré, de la confiture, un fruit et du café.

A Saint Alban's, il n'y a pas eu d'évasion depuis des décennies. Une fois franchis les différents murs d'enceinte hérissés de barbelés, il faut passer plusieurs portes grillagées, avant qu'un gardien ne s'empare de tous vos effets personnels. Lorsqu'ils viennent rendre visite à Wilken, Micki Pistorius et Derick Norsworthy doivent déposer leurs armes. Dans les couloirs qui mènent à la salle où ils vont le rencontrer, ils croisent des prisonniers qui les interpellent, certains reconnaissent en Derick l'inspecteur qui les a mis derrière les barreaux. Des plaisanteries fusent entre Derick et les détenus. La plupart d'entre eux sont jeunes, à peine sortis de l'adolescence. Quelques-uns arborent des uniformes de couleur orange, d'autres sont en vert. Les odeurs corporelles des hommes sont fortes, à cause de la transpiration et de la peur qui les tenaille. Chaque jour, des bagarres éclatent parmi ces prisonniers, tous condamnés à de très lourdes peines, sans aucune possibilité de libération anticipée. Une semaine auparavant, un détenu a eu la gorge arrachée à coups de dents. C'est dans cette atmosphère pesante et lourde, rendue d'autant plus accablante sous la chaleur d'un soleil de plomb, que Micki recueille les hallucinantes confessions du serial killer cannibale, nécrophile et pédophile de Port Elizabeth :

« A aucun moment, je n'ai participé à l'enquête, affirme Micki Pistorius, c'est l'inspecteur Derick Norsworthy qui l'a amené à avouer ses crimes, après son arrestation comme suspect dans la disparition d'un enfant. Il était déjà en prison. Dans sa cellule, Stewart a lu un article à mon sujet et il a refusé de me parler, car il savait que je pourrais devenir un témoin à charge au tribunal. Il me considérait comme son ennemie. Il avait aussi peur de moi. Lors de la première journée d'audience de son procès, il ne m'a pas saluée, m'a ignorée. Par la suite, il s'est passé quelque chose de curieux. Le procureur a décidé d'écarter mon témoignage, car il estimait posséder suffisamment de preuves. Du coup, c'est la défense qui m'a proposé de témoigner pour son client. J'ai pris cela comme un compliment, car j'essaie toujours de me montrer objective dans mes témoignages. Je suis expert auprès des tribunaux et mon avis se doit d'être impartial, qu'il s'agisse de la partie civile ou de la défense. Dans ce cas précis, cela a bien fonctionné, car les avocats avaient besoin que j'explique les actes de Stewart Wilken, non pas pour l'excuser, mais pour tenter de le comprendre. Je me retrouvais donc du côté de la défense et Stewart a changé d'attitude. J'étais dans son camp. Il s'est ouvert à moi. Le processus habituel s'est inversé. Nous avons longuement parlé. Lynn Loots, sa première femme, et Joey Wilken, sa mère adoptive, n'ont pas assisté aux débats, contrairement à Veronica, son épouse du moment. Stewart et elle se sont réconciliés, au point qu'il en est arrivé à vendre un récit expurgé de ses crimes pour un magazine populaire sud-africain, dont les droits furent versés à Veronica Wilken et à ses enfants, afin qu'elle achète un appartement.

« Le jour où j'ai été amenée à témoigner pour le compte de la défense, un quart d'heure environ après le début de mon témoignage, *Boetie Boer* lève la main pour demander au juge une brève interruption afin de se rendre aux toilettes. Il affirmait ne pas pouvoir attendre et le juge lui a accordé cinq minutes. En regardant ses yeux, j'ai deviné qu'il mentait et qu'il avait besoin de se masturber, ce qu'il a confirmé un peu plus tard à Derick. Souvent, les serial killers sont excités sexuellement par le récit que l'on fait de leurs crimes, d'autant plus que Stewart avait confié à Derick que je l'excitais. Lors de rencontres en prison, *Boetie* prétendait ainsi ne plus se souvenir de certains détails de ses crimes et déclarait qu'il avait besoin de consulter les différents dossiers de police ; en fait, il voulait tout simplement revoir les clichés de ses victimes pour se satisfaire sexuellement.

« Il a été condamné à sept peines de prison à perpétuité et, par la suite, je l'ai de nouveau rencontré à Saint Alban's. C'est uniquement pour des besoins de recherche que je rends visite aux serial killers emprisonnés. Il m'a parlé de manière très impulsive, comme la plupart des tueurs en série. Son langage était très cru. Pendant l'interview, il se levait souvent et s'excusait pour aller se masturber dans un coin. Il était menotté, car il est doté d'une force prodigieuse : on l'a déjà vu briser une vitre blindée de ses poings nus. Derick Norsworthy était aussi présent durant ces entretiens. Le fait que Stewart s'excuse avant de partir se masturber était un signe de respect, car il l'avait fait à de nombreuses reprises pendant les audiences de son procès.

« Après sa condamnation, il existait un lien entre Stewart et moi. Malgré l'horreur indicible de ses actes, je parvenais toujours à éprouver une certaine empathie à son égard, je voyais en lui l'enfant qu'il avait été et qui avait subi de terribles sévices. Il s'est ouvert à moi. Petit, il était une victime et, lorsqu'il tuait, il s'identifiait à l'agresseur. Une fois en prison, les rôles se sont de nouveau inversés. Il ne pouvait plus tuer, aussi est-il redevenu cette victime ; il nous a raconté que les esprits des êtres qu'il avait tués venaient le persécuter la nuit venue, dans sa cellule. D'un point de vue psychologique, cette inversion des rôles est intéressante.

« En prison, il avait beaucoup de cauchemars et des hallucinations. Dès que la nuit tombait, les gardiens laissaient la porte de sa cellule ouverte, mais la grille demeurait toujours fermée. Ses cauchemars étaient si violents qu'il s'est blessé plusieurs fois très sérieusement. Il restait parfois des nuits entières à hurler à la mort, torse nu, affirmant que les murs de sa geôle suintaient de flots d'acide. Un jour, je me trouvais à Port Elizabeth pour les besoins d'une autre enquête, lorsque j'ai reçu sur mon portable un appel du psychologue de Stewart. J'ai rendu visite à Stewart quelques heures plus tard. Il était dans sa cellule en compagnie de nombreux gardiens et son agitation était très vive. Il s'est calmé dès qu'il m'a reconnue, ainsi que Derick Norsworthy qui m'accompagnait. On lui a expliqué que le psychologue de la prison était là pour l'aider. C'est l'une des rares fois où j'ai rendu visite à un serial killer, après son procès. Une fois qu'ils sont condamnés, pour moi, c'est fini. »

Les confessions du tueur

Stewart Wilken est un individu très fruste, sans éducation et qui s'exprime en des termes très crus, particulièrement lorsqu'il aborde les sujets du sexe et de ses meurtres. Mais il n'est pas dénué d'intelligence et il sait manipuler ses interlocuteurs à son avantage. Afin d'en dresser un juste portrait, il nous semble important de retranscrire ses déclarations le plus fidèlement possible, avec ses nombreuses redites, ses constructions de phrase étranges, ses maladresses, ses erreurs de concordance des temps et sa lancinante habitude des « moi je » qui parsèment ses souvenirs. Stewart Wilken devient même totalement confus lorsqu'il aborde le meurtre de sa fille Wuané. Son témoignage provient, pour l'essentiel, de confessions écrites et recueillies en présence de son avocat, Me Griebenow, et de conversations entre Wilken et l'auteur, qui eurent lieu en octobre 1999 à la prison de Saint Alban's* :

* Les aveux de Stewart Wilken ont été traduits de l'afrikaans par Isabelle Longuet.

« Je suis né le 11 novembre 1966, à Boksburg. Je suis âgé de 32 ans, résidant à Pienaarstraat 7A, à Helenvale, Port Elizabeth. Je suis pêcheur de profession. J'étais très jeune (environ 6 mois) quand j'ai été trouvé, ainsi que ma sœur, par la servante noire d'un homme, un certain Doep, dans une cabine téléphonique où nous avions été abandonnés. Cet homme et sa femme nous ont accueillis, ma sœur et moi, dans leur maison. J'ai été terriblement maltraité par ce type. Mes parties génitales ont été brûlées avec des mégots de cigarettes. Cet homme m'a également pris ma nourriture pour la jeter au chien, et j'ai dû manger avec le chien, dans sa gamelle. Il m'a aussi souvent frappé à la tête. A plusieurs reprises, j'ai également vu cet homme pratiquer des actes de bestialité sur son chien. Et il m'obligeait quelquefois à lui lécher la queue pour la nettoyer de toute trace de sperme.

« Mon actuelle mère adoptive a dénoncé cet homme et sa femme aux services sociaux et elle est allée me chercher chez eux. Après, je suis resté chez elle. J'ai appris par ma mère que j'étais un enfant terriblement maladif lorsqu'ils m'ont adopté, à cause de ma sous-alimentation. Ma mère adoptive m'a emmené voir un certain Dr Alberts peu après mon adoption. Il lui a annoncé qu'il n'y avait plus d'espoir pour moi. J'ai appris par elle que le Dr Alberts voulait dire que j'allais mourir.

« Je n'ai jamais connu mes vrais mère et père. Lorsque j'avais environ 3 ans, ma vraie mère est venue me rendre visite chez ma mère adoptive. Je me souviens qu'elle m'a offert un paquet de bonbons que j'ai arraché de sa main, avant de partir en courant. Ensuite, ma vraie mère a apparemment dit à ma mère d'adoption qu'elle et les siens devaient me donner leur nom de famille. J'arrive juste à me souvenir que ma mère est venue dans une voiture noire. Je n'ai jamais eu conscience qu'elle était ma vraie mère et je ne l'ai plus jamais revue.

« Quand j'ai eu 6 ans, je suis allé à l'école. J'avais des difficultés et je n'ai pas pu passer dans la classe suivante.

Après m'avoir fait sortir de l'école en me donnant des coups, ma mère m'a donné mon cadeau de Noël – une camionnette remplie de petites bouteilles de lait – qu'elle avait déjà acheté, pour le donner à un autre enfant. Cela m'a rendu très triste. Depuis ce jour, je ne me suis plus jamais intéressé à mon travail scolaire.

« Ma mère m'a régulièrement battu. Elle ne s'est pas inquiétée de la façon dont elle me battait. En général, elle me frappait avec un tuyau d'arrosage ou avec les talons de ses chaussures. A l'occasion, elle m'a aussi jeté des pierres. Par la suite, j'ai eu peur d'elle. Plus tard, elle a raconté que je la mordais au sein quand elle m'avait récupéré chez Doep. Il m'est arrivé de lui demander une pièce pour m'acheter des bonbons. Elle m'a répondu que je devais aller l'attendre dans ma chambre et qu'elle me donnerait une pièce. Je me souviens être allé dans ma chambre, où elle est entrée à son tour. Une fois à l'intérieur, elle m'a donné une horrible volée de coups et a sorti un calepin. Elle m'a dit qu'elle allait y inscrire une pièce pour moi, pour payer ma note d'hôpital.

« J'ai redoublé trois fois ma classe, après quoi j'ai été transféré dans une classe spéciale. Mon institutrice s'appelait Gates. Mlle Gates a incité les enfants de ma classe à me harceler, du fait que j'étais orphelin (*WEESkind*). Je ne comprenais pas ce mot et le midi, en rentrant à la maison, j'ai demandé à ma mère ce que signifiait le mot *BEESkind* (littéralement : enfant-bête). Elle m'a répondu que j'avais mal entendu et que les enfants avaient certainement voulu dire *WEESkind*, ce sur quoi elle m'a appris que c'était un enfant qui n'a pas de parents ou qui a été adopté. C'est à cette occasion que ma mère m'a dit pour la première fois qu'elle n'était pas ma vraie mère, et que j'étais un enfant adopté.

« Le lendemain, je suis retourné à l'école. Mlle Gates a de nouveau incité les enfants à m'ennuyer. Alors j'ai frappé Mlle Gates sur le nez et la bouche. Elle est allée chercher le directeur qui s'est précipité dans la classe et m'a frappé partout avec un rotin. J'étais allongé sur le sol et je me suis recroquevillé pour essayer d'échapper aux coups qui pleuvaient sur tout mon corps.

« Une autre fois, j'étais en cours de dessin avec Mr. Kriek. Mr. Kriek a demandé à un garçon qui s'appelait Hendrik de me frapper, après il lui donnerait quelques friandises. Alors que j'étais assis sur un banc d'école en train de tresser un plateau de rotin, Hendrik m'a tapé dessus. J'ai bondi pour rendre les coups, mais Mr. Kriek a bondi à son tour pour me battre sur le banc. Là-dessus, j'ai attrapé mon cartable et j'ai couru à la maison. Mr. Kriek est venu raconter à ma mère que je me querellais avec les enfants de la classe et que j'étais un problème pour l'école. Ma mère voulait me retirer de l'école, alors je suis parti en courant. Le lendemain, je suis retourné de moi-même à l'école et j'ai compris que je devais désormais être à la fois mes propres mère, père et sœur, et également un dur pour le reste de ma vie.

« Lorsque j'avais environ 9 ou 10 ans, j'ai été sodomisé par un diacre de notre église, un homme qui dans mon souvenir s'appelait Percy. Je n'ai pu en parler à personne. C'est la première fois que j'en parle. Si je l'avais dit à ma mère, elle m'aurait battu. Elle a toujours cru les autres, elle ne m'a jamais cru lorsqu'il y avait des problèmes.

« Un matin, les services sociaux sont venus à l'école me demander si je voulais aller dans une autre école. J'ai répondu que j'aimerais bien, étant donné que dans cette autre école je pensais que les enfants ne sauraient pas que j'étais un orphelin et que je n'y rencontrerais pas les mêmes problèmes. Je ne savais pas qu'ils m'emmèneraient dans un orphelinat et que, de là, ils m'enverraient dans une école professionnelle.

« Le deuxième fils aîné de ma mère m'a souvent frappé à l'aide d'une ceinture, ainsi qu'avec ses poings. Depuis que je suis tout petit, j'ai souvent marché et parlé dans mon sommeil. Ils m'ont installé avec mon matelas et mes affaires dans le couloir, m'ont ouvert les portes quand je marchais en dormant, m'ont mis dans la baignoire et ont ouvert le robinet d'eau froide sur moi lorsque je parlais. Après, je me suis senti comme une chose et pas comme un être humain.

« L'école professionnelle n'a pas eu une bonne influence sur moi. Dans cette école, j'ai appris à fumer le *dagga* (marijuana) et à faire différentes autres choses, afin de pouvoir avoir des amis. Là, j'ai aussi été utilisé par des garçons plus âgés, dans le sens où j'ai été sodomisé par eux. On m'a accusé de beaucoup de choses qui se sont mal passées dans cette pension. Je l'ai toujours assumé car, au début, quand je disais la vérité au directeur, il m'a toujours répondu que je lui mentais. Et il finissait par me battre.

« A un moment donné, des enfants se sont enfuis de la pension. Le directeur de l'école, Mr. Bezuidenhout, en a parlé avec nous tous et il a terminé son discours en s'adressant à moi et à mes amis, en disant que si nous voulions "*fockoff*, alors qu'on devait *fockoff*" (*fuck off* signifie aller se faire voir ailleurs).

« Moi et deux de mes copains de pension, on s'est alors enfuis de la pension le soir même. Nos routes se sont séparées à Heidelberg, dans le Transvaal. De là, je suis allé à Witpoortjle, chez une de mes tantes. Je lui ai demandé de ne pas dire à ma mère que j'étais là. J'y suis resté à peu près un mois quand ma tante et mon oncle m'ont donné, le matin de mon anniversaire, des provisions et de l'argent. Ils m'ont dit qu'ils avaient parlé avec ma mère et que je devais rentrer à la maison.

« J'ai pris la route et j'ai fait du stop jusqu'à Port Elizabeth. Je suis arrivé le jour même à Port Elizabeth. Ma mère m'a dit qu'elle avait discuté avec les services sociaux, et qu'ils avaient dit que je pouvais passer les vacances dans la maison et que, les vacances finies, ils me renverraient à l'école professionnelle. Ils m'ont cependant dit que, avant de retourner dans cette école, ils m'emmèneraient d'abord chez le magistrat (qui me donnerait une lettre pour dire qu'ils n'avaient pas le droit de m'enfermer à clef ni de me battre).

Je devais promettre au magistrat que je terminerais mon année scolaire. C'est ce que j'ai promis au magistrat et j'ai tenu parole.

« Après l'école, je suis allé directement à l'armée. Je n'ai pas pu (le supporter). Au bout de quatre mois, j'ai été renvoyé de l'armée à la suite d'une tentative de suicide. L'armée a mis trop de pression sur moi. Je n'ai pas pu le supporter parce que je souffrais déjà trop de dépression. Après l'armée, je suis allé habiter chez mon frère et ma belle-mère, à Despatch. J'ai commencé à apprendre le métier de menuisier chez W.M. Scott. Là, pendant ma formation, j'ai eu un accident qui a gravement blessé ma main gauche. Après, je suis resté longtemps à l'hôpital. Pendant ce temps-là, ma femme a eu des aventures avec plusieurs autres hommes.

« J'ai épousé ma première femme quand les services sociaux ont voulu lui prendre ma belle-fille. Ma femme est ensuite tombée enceinte de moi.

« Quand l'enfant avait environ 3 mois, ma femme a commencé à nous laisser seuls dans la maison de Dolfyn, à Algoa Park, le soir et à aller dans des discothèques dont elle ne rentrait que le lendemain. Quand je lui demandais où elle avait été et d'où elle venait, elle jurait et m'injuriait. Elle sentait toujours l'alcool. Elle a continué à faire ces choses-là jusqu'à ce que, un samedi matin, elle soit allée dans la salle de bains après être de nouveau sortie. Elle a jeté son pantalon et sa culotte par terre, je les ai ramassés et j'ai vu qu'ils étaient pleins de sable et qu'il y avait du sperme sur sa culotte. Alors je l'ai injuriée et je lui ai demandé pourquoi elle me faisait ce genre de chose. Elle m'a répondu que je n'avais pas à lui dire ce qu'elle devait faire avec sa chatte. Alors je l'ai giflée de ma main valide, parce que je ne pouvais plus le supporter. Ma femme a quand même tout simplement continué. Elle est sortie avec sa mère et cela ne servait à rien que je lui parle. La raison, c'était que sa mère à cette époque était déjà depuis quarante-trois ans une prostituée professionnelle.

« J'ai parlé avec ma mère des problèmes que je rencontrais avec ma première femme. J'ai également annoncé à ma belle-mère que j'allais divorcer. Ma belle-mère m'a demandé de tenir le coup pour les enfants. J'ai tenu le coup pendant à peu près neuf ans. La situation a basculé quand ma première femme m'a fait enfermer pour un joint qui était à elle. Après cela, elle a commencé à faire des choses méchantes contre moi, afin qu'on puisse m'enfermer et qu'elle puisse se livrer facilement à sa prostitution avec d'autres hommes.

« A l'occasion de l'une de mes sorties de prison, je me suis inscrit par moi-même à l'hôpital Elizabeth Donkin. Je n'arrivais plus à me maîtriser. Je suis resté à peu près trois mois à Elizabeth Donkin, où ils ont diagnostiqué chez moi une psychopathie, parce qu'ils ont vu que je souffrais de schizophrénie. Les médecins m'ont prescrit des comprimés, à savoir 50 mg de Valium que je devais prendre trois fois par jour. Ces comprimés m'ont fait dormir à peu près dix-huit heures par jour. A chaque fois que je me réveillais en sursaut, ma femme était prête avec un autre comprimé. Alors je me suis rendormi aussitôt et ça a continué ainsi un certain temps jusqu'à ce que, un jour, je commence à recracher le comprimé comme un petit enfant, afin de pouvoir rester éveillé et voir ce qui se passait dans cette maison. Ma femme n'a pas su que j'avais recraché les comprimés.

« J'étais debout devant la fenêtre de la chambre quand j'ai vu un fourgon de la police non loin de ma maison. Le fourgon s'est arrêté alors j'ai vu qu'il y avait deux officiers à l'intérieur. L'un était blanc et l'autre de couleur. L'officier blanc a quitté le volant, un dossier marron de la *South African Police* à la main. A l'époque, nous habitions dans la Victoriastraat. L'officier de police Kemp est venu frapper à notre porte et ma femme lui a ouvert. Ma femme ne savait pas que j'étais réveillé. J'ai entendu l'officier dire à ma femme qu'elle devait porter plainte contre moi pour agression afin qu'ils puissent se débarrasser de ce "truc dingue". Elle a approuvé. J'ai encore attendu un moment dans la chambre, mais comme la maison était soudain devenue toute silencieuse et que j'ai remarqué que le fourgon était toujours dans la rue, j'ai descendu l'escalier lentement. Je me suis dirigé vers ma femme et l'officier de police Kemp qui étaient en train d'avoir des rapports sexuels dans le salon.

« Après cet incident, j'ai avalé tous mes comprimés d'un coup, puis je me suis réveillé et j'ai repris conscience dans la salle Evert de l'hôpital provincial. Là on m'a annoncé que j'avais fait une overdose de médicaments et que j'avais frôlé la mort.

« Après ma sortie de l'hôpital, je suis parti à Sidwell. Ma femme et moi avons divorcé et elle s'est remariée. Ma femme et son mari actuel ont eu des enfants de leur mariage. L'Etat a confié mes enfants à ma femme.

« Ma femme a essayé à plusieurs reprises d'obtenir une pension alimentaire de ma part. A chaque fois que j'ai rendu visite à mes enfants, ma femme a appelé la police. Lorsque je les revois, la police arrive et je dois partir en courant pour ne pas être mis en prison. Cela a duré plusieurs années ainsi. Je viens de recevoir une allocation d'incapacité. Mes enfants ont eux aussi reçu une allocation qui est revenue à ma femme. Elle était terriblement avare. Elle a téléphoné à tous les endroits où je trouvais un travail temporaire pour dire que je fumais du *dagga* et que je prenais du Mandrax, ou bien elle y a envoyé la police, ce qui a eu pour effet que je perde mon travail ou que je sois obligé de démissionner afin d'échapper à la police. Après, j'ai eu la sensation d'être un animal qui ne trouve pas de lieu de repos. Puis je suis allé travailler sur la mer comme pêcheur.

« J'ai toujours aimé la mer.

« Elle m'a toujours été fidèle. Jamais elle ne m'a trahi. Pas comme tous ces gens sur terre. Et surtout les femmes. Toutes des salopes. Des putes qui ne méritent pas de vivre. Sauf ma vraie mère et ma sœur. Mais je n'ai aucun souvenir de ma mère depuis qu'elle m'a abandonné. Quant à ma sœur, je ne l'ai plus revue depuis que nous avons été séparés trois ans plus tard. Elle a eu de la chance, car elle est retournée vivre auprès de notre mère. Un jour, j'aimerais bien les revoir. J'ignore où elles vivent. Peut-être que ma sœur habite ici même à Port Elizabeth, sans que je le sache. Je l'ai peut-être croisée des dizaines de fois dans la rue. Depuis que je suis adolescent, un terrible cauchemar me tourmente : je me vois en train de coucher avec ma sœur. Ce serait horrible. Voilà pourquoi je baise avec des Noires, mis à part Lynn, ma première femme. Ce n'est pas par goût, mais comme ça je suis sûr de mon coup. Et pour les putes, c'est pareil. On ne sait jamais. Ma sœur a peut-être mal tourné, c'est peut-être une des putes qui me racolent la nuit, près des parcs ou du port. C'est la seule chose qui me fasse peur dans la vie.

« C'est la mer qui m'a aidé quand je me suis blessé et que j'ai dû abandonner mon travail. Un homme n'est rien sans ses mains. Elles représentent la force, la vie et elles donnent aussi la mort. C'est avec les mains qu'on étrangle. C'est avec les mains que l'on pêche. Même quand je me laisse aller à boire, à fumer du *dagga* ou à avaler pilule après pilule de Mandrax, je prends soin de mes mains. Je peux être sale, mal habillé et complètement bourré, mais j'aurai toujours les mains propres. Je les lave constamment, et depuis que je suis tout petit.

« Quand je bois un coup de trop, il ne faut pas me chercher. A PE, dans les bistrots des docks, on me considère comme le *joller* du coin.

« En 1990-1991, j'ai épousé ma deuxième femme, Veronica Elnan Wilken. Sa mère vivait encore lors de notre mariage. Elle avait deux fils lorsque je me suis marié avec elle. Deux filles sont nées de notre mariage.

« Avec sa mère on était souvent en désaccord. Sa mère a appris à mes deux beaux-fils à me voler de l'argent et à me mentir. C'est devenu très difficile pour nous, car ma femme a quitté son travail parce que les deux filles que j'ai eues avec elle étaient nourries au sein et elle ne pouvait pas travailler. Ma belle-famille était très raciste contre moi, parce que j'étais blanc et Veronica était une femme de couleur.

« J'avais un salaire de 370 rands (10 rands équivalent à environ 1 euro) par mois et je travaillais en mer comme pêcheur pour avoir un supplément de salaire. Pour mes deux filles nées de notre mariage, j'ai fait une demande d'allocation d'Etat, parce que je reçois une allocation pour l'accident que j'ai eu au bras. J'ai attendu cette allocation un an et quatre mois, puis j'ai dit à ma femme d'écrire une lettre au ministère des Affaires sociales et de la Santé. Peu de temps après, j'ai commencé à recevoir une allocation pour les enfants et un chèque pour les arriérés d'un montant de 6 500 rands. C'est après cela que ma femme a commencé ces attaques contre moi. Moi et le frère de ma femme, mon beau-frère, on s'est beaucoup querellés. Il ne m'a jamais aidé, ni ma femme ni les enfants, lorsque c'était dur pour nous. Il m'a toujours mis de côté comme si je n'existais pas. Mon beau-frère a aussi influencé ma femme de telle sorte qu'il y a eu entre ma femme et moi pas mal de querelles et d'altercations.

« Il est arrivé que ma femme serve de la nourriture qui était sur la table. Elle s'est juste servie et ensuite les enfants. Elle m'a dit qu'il n'y avait pas de nourriture pour moi, parce que c'est son argent à elle et aux enfants, pas le mien. Je me suis très mal senti car ma famille ne m'a jamais aidé – même avec un tout petit peu d'argent – pour que je puisse acheter un peu de pain à mes enfants. Alors j'ai attrapé la nappe avec toute la nourriture dessus et je l'ai jetée par la porte. La nourriture qui restait encore dans les plats, je l'ai jetée aux chiens, parce qu'ils m'ont traité comme un chien.

« Parfois mon beau-frère est venu chez nous. En repartant plus tard, il emportait beaucoup d'articles d'épicerie. Alors comme j'ai pensé que ce n'était pas juste, j'ai mis le pied dessus pour l'empêcher d'emporter les courses. Lui, il recevait un salaire chaque vendredi et il emporte nos articles d'épicerie que je devais acheter avec de l'argent durement gagné. Ma femme était très en colère à cause de mon attitude. Je lui ai annoncé que je serais longtemps absent de la maison quand je serais en mer et que je ne dormirais pas tous les soirs à la maison avec elle. Ma femme a cependant justifié l'attitude de son frère en me disant qu'il avait de grosses dettes.

« Après, les relations entre moi, ma femme et sa famille ont continué de se dégrader. En octobre 1995, j'ai été jeté de mon propre appartement par ma belle-famille et ils ont prétendu que j'avais sodomisé mes deux beaux-fils. Plus tard, j'ai été arrêté par la police à cause d'une plainte qu'ils ont déposée, et j'ai fait quelques mois de détention provisoire à la prison de Saint Alban's, avant de faire une demande d'assistance juridique, après quoi Mr. Griebenow a été nommé pour me défendre. J'ai eu une caution de 200 rands pour mon affaire, après quoi j'ai payé cette caution et j'ai passé la plupart du temps en mer, occupé à pêcher du poisson. Le 23 janvier 1997, les deux plaintes pour sodomie ont été retirées. Peu après, j'ai été arrêté pour les plaintes actuelles, pour lesquelles je comparais, à savoir la mort de ma fille Wuané et la mort du fils de Helen Bakers, Henry Bakers. »

Les crimes

1. « J'ai rencontré une femme noire d'à peu près 25 ans en haut de la rue principale, à l'angle de Russelweg, près de Lewis Store. Elle m'a demandé si je n'avais pas besoin d'une baise ce soir. Je peux lui donner 50 rands pour une baise. Je lui ai montré l'argent et je l'ai emmenée à *Laerskool Dagbreek*. Elle a enlevé son slip. Sa chatte était grasse. Je l'ai baisée. Quand je jouis, elle veut que je descende de là, alors je lui ai dit que je veux également la prendre par-derrière. J'étais vachement allumé. J'avais l'impression que je pourrais baiser toute la soirée. Elle a commencé à faire du raffut quand j'ai enfoncé ma queue dans son cul. Je lui ai dit de se taire. Je l'étrangle avec un de ses vêtements. Je l'ai étranglée en jouissant. »

2. « J'ai rencontré une femme de couleur en face du Red Lion Hotel, à Noordeinde. Elle avait à peu près 29 ans. Elle a proposé du sexe contre de l'argent. Je l'ai emmenée à St. George's Park. Arrivés là, elle m'a dit que je devais lui donner de l'argent avant de la baiser. Je n'avais pas d'argent. Je ne paie pas une putain avec de l'argent pour baiser. Pas avec une chatte que Dieu lui a donnée et avec une queue qu'il m'a donnée. Je l'ai attrapée et je l'ai étranglée avec ses vêtements. Quand j'ai senti qu'elle était prête, je l'ai baisée. Je n'ai pas besoin de payer pour cette baise. Je ne suis plus menacé par la police. Je hais les putains. Je ne les laisserai pas vivre. »

3. « C'était un garçon noir de 14 ans. Il se trouvait dans un endroit éclairé, au coin de la rue. En passant, je lui ai demandé du sexe. Il avait une perruque. Il a dit que oui, il était prêt pour le sexe. Nous sommes allés à St. George's Park. En arrivant, il me demande de lui donner 50 rands. Comment peut-il me demander de l'argent pour tirer un coup ? Le salaud voulait me voler et partir en courant, alors je l'ai attrapé et je l'ai baisé. En le baisant, je l'étrangle. En l'étranglant, je jouis, je jouis. J'avais faim et j'avais soif. Il y a longtemps que je n'avais pas eu de sexe. J'étais vraiment prêt pour le sexe. Je l'ai traîné sous un arbre couvert de végétation et je suis parti. »

4. « C'était une femme noire d'environ 32 ans qui était putain dans la rue. Je l'ai rencontrée à l'angle de *Sydenham Laerskool*. Je lui ai demandé de baiser. Elle m'a dit que je devais d'abord lui donner les 30 rands et qu'ensuite on irait ensemble. Je lui ai dit que je ne pouvais pas lui donner les 30 rands avant d'avoir fait les choses. Nous sommes partis pour Sydenham Park. Je lui ai donné 30 rands et elle s'est allongée. Alors je sens que sa chatte est trop grande, je ne sens pas les bords, il n'y a pas de plaisir. J'ai pris ma queue et je l'ai enfoncée dans son trou. Elle a voulu se retirer. Alors j'attrape un de ses vêtements et je le mets sur sa tête et je l'étrangle. J'ai eu du plaisir quand elle a commencé à se débattre. J'ai joui tellement c'était bon. J'attrape alors mon couteau et je l'enfonce dans sa chatte et je coupe le bout de ses tétons et je les avale. J'ai récupéré mon argent parce que je déteste les femmes qui baisent pour de l'argent. Elles me font penser à ma première femme qui ne faisait que boire comme une vaurienne et qui a baisé pour de l'argent. »

5. « Quand je suis passé devant le Red Lion Hotel, elle était là. C'était une putain. Elle est aussi venue à moi. Elle avait environ 26 ans. Elle voulait de l'argent contre du sexe et j'avais besoin de sexe, parce que je n'avais pas de sexe avec ma deuxième femme, à l'époque. Mes pulsions sexuelles étaient très fortes. Je lui ai demandé de m'aider à les faire partir. J'étais prêt à exploser et avide de sexe. Il y avait déjà à peu près huit mois que ma femme ne m'avait pas donné de sexe. Et pour un homme comme ça et avide de sexe, c'est impossible à supporter. Je l'ai emmenée le long d'un pont, près de la sortie d'Albanyweg, à Sentraal. J'étais complètement aveuglé d'excitation. Je l'ai attrapée et étranglée à mort et baisée, baisée et baisée. Quand j'ai eu fini, je suis parti en courant. »

6. « C'était un garçon noir de 12 à 14 ans. C'était un enfant des rues. Il m'a demandé de l'argent. Je l'ai rencontré au Rand Café, à Norwich Gebou. Je lui demande s'il est prêt à me sucer pour de l'argent, il dit oui. De là, nous sommes allés jusqu'à Fort Frederick. Je lui dis qu'il devait enlever son pantalon. Ma queue était déjà toute dure d'excitation. Il m'a sucé. Alors je lui dis qu'il doit s'allonger sur le dos. Il demande pourquoi. Alors je lui dis parce que je veux le baiser. Alors je l'attrape, je le baise. Alors il dit qu'il va parler de moi à la police. J'étais aveuglé par la colère. Alors je prends ma ceinture et je l'étrangle et je le jette dans le bois. »

7. « J'ai étranglé mon enfant. Je l'ai regardée. Il y avait eu des plaintes ou des affirmations comme quoi elle avait été violée par son beau-père, Michael Loots. J'ai vu, j'ai vu que la virginité de mon enfant était partie. Je n'ai pas eu le choix. J'ai demandé à ma femme si je pouvais avoir mon enfant. Elle a dit qu'ils ne me donneraient pas mon enfant parce que je suis un psychopathe. J'ai eu un sentiment très douloureux. J'ai toujours rendu visite à mes enfants avec un fourgon de police derrière mes fesses. Après je n'ai plus eu de problèmes jusqu'à ce qu'ils me chopent dans la Hoofstraat et qu'ils me racontent que son beau-père la frappait et que mon enfant ne veut pas écouter cet homme. Je me suis assis avec mon enfant et nous avons parlé. Mon enfant m'a dit qu'elle serait envoyée à son *Antie* (tante) pour de la nourriture. Elle doit demander de l'argent pour la nourriture et après, cet argent est pris par Michael Loots pour du *dagga* et des comprimés et de la boisson. Il prostitue aussi sa femme, ma première femme, pour ça. Les enfants ont vu. L'enfant s'est plaint auprès de moi. Je n'ai jamais levé la main pour frapper mon enfant. Ils sont tous complètement cinglés, parce que le père qui a vu son enfant pour la dernière fois il y a cinq ou six ans, il ne va pas venir lui donner des coups. J'ai dû arranger pour eux (Wilken parle de son ex-femme et de son mari, Michael Loots) un endroit où rester à Sydenham, parce qu'il ne connaît quasiment pas la baie, alors que sa famille est originaire de Forest Hill. De là, il a dû s'installer chez sa tante, mais elle ne pouvait plus supporter leurs disputes, leurs putains de joints de *dagga* et leurs comprimés. J'ai habité dans la chambre à côté de la leur, dans la même pension. Je sais ce que je dis. Au bout d'un moment, je suis parti, et je suis retourné avec ma deuxième femme. Je vais maintenant rester à Gelvandale. Je suis constamment venu là (pour voir les enfants). Les enfants sont enfermés dans les chambres, puis mon ex-femme et son mari vont dans les discothèques et le mari la prostitue. Elle doit baiser pour de l'argent. Toutes ces choses-là ont été inventées par eux. J'étais déjà allé aux services sociaux. Mais les services sociaux m'ont dit qu'ils ne comprennent pas parce que je suis trop confus sur l'histoire de mon enfant. Mes enfants n'ont jamais eu de nourriture, rien. Ils n'ont jamais eu de nourriture dans la maison. Il y avait une porte entre ma chambre et la leur. J'ai eu la clef de cette porte. J'ai ouvert la porte de mes enfants. Mon enfant a été chez moi. Rien ne s'est passé durant le temps qu'ils ont été chez moi. Après mon départ, quand je suis revenu, mon ex-femme m'a dit que l'enfant menaçait de partir. L'enfant n'a pas arrêté de me répéter qu'elle allait partir. Elle ne peut plus comprendre toutes ces choses. J'ai pensé en moi : "pourquoi mon enfant doit-il vivre une telle vie comme celle que j'ai vécue ?" Je ne pouvais plus comprendre les choses. J'ai ressenti une grande douleur. J'ai ouvert les yeux et je me suis dit : "Dieu, aujourd'hui, tu devras me pardonner, mais je vais t'envoyer l'âme de mon enfant." Je ne pouvais pas le supporter, je ne pouvais pas le comprendre. Je me suis rappelé tout ce qui m'est arrivé, puis je l'ai attrapée. Je l'ai étranglée. Je l'ai mise sous un morceau de linoléum. J'ai enlevé tous ses vêtements. J'ai caché les vêtements de mon enfant sous des pneus. Je l'ai déposée morte derrière l'hôtel, à Humewood, dans les bois. Toutes les nuits, je suis venu dormir auprès de mon enfant et lui parler. »

8. « Le soir du 22 janvier, on m'a dit que je devais aller chercher Henry Bakers, un garçon de 12 ans, à Algoa Park. Pendant que je marchais avec lui, il m'a raconté comment la famille de sa mère l'a battu et lui a donné des coups de pied.

Je leur ai dit qu'ils ne devaient pas faire ça. La mère, elle était soûle. Elle m'a dit ce n'est pas ton putain d'enfant, c'est mon putain d'enfant. J'ai dit que ça n'avait rien à voir, que tu ne dois pas faire cela. Autrefois, je suis sorti avec elle. J'habitais à Algoa Park. Moi et un autre type, Joe du Plessis. Aujourd'hui, il est mort d'un cancer. Henry m'a dit qu'il avait une copine et qu'elle voulait le faire avec lui. Il m'a dit qu'il ne savait pas comment faire ça. Alors je lui ai dit que j'allais lui montrer. Alors, on est partis par Dyke Road, Albatros Woonstelle, vers le champ entre Algoa Park et Gelvandale, jusqu'aux palmiers. C'est là que je l'ai pris. Je lui ai dit que j'allais lui apprendre comme on m'avait appris. Alors il m'a dit ça va comme ça. Je lui ai expliqué que j'avais entre 5 et 6 ans quand on m'avait appris à enlever tous mes vêtements. Il était d'accord. Il les a enlevés. Alors je l'ai fait bander. Il a dit que c'était bon. Alors j'ai sucé sa queue. Il m'a demandé de continuer à sucer. Ma queue a commencé à durcir. Je lui ai demandé de se mettre sur le dos. Il s'est mis sur le dos. J'ai mouillé son cul avec la salive, alors je lui dis que c'est pour que ma queue puisse mieux entrer. Quand ma queue s'enfonce, il commence à crier. J'ai laissé ma queue à l'intérieur et j'ai un peu arrêté. Alors je lui dis, quand j'avais 5 ou 6 ans, on m'a fait la même chose et il y a longtemps que j'ai pas eu de sexe. Alors j'ai continué lentement jusqu'à ce que ma queue soit dedans. Il m'a dit que je devais arrêter. Alors il dit qu'il va tout raconter à sa mère. Alors, à ce stade-là, je suis complètement surexcité et alors ça se produit. J'étais en train de jouir quand je l'ai étranglé d'excitation. Quand j'ai joui, il ne respirait plus. Je l'ai jeté plus loin dans le bois, je me suis nettoyé et je suis parti en le laissant là. Pas très loin, j'ai dessiné une énorme queue sur un mur caché par des feuilles. Après, j'ai juste pensé, ton âme va à Dieu, maintenant tu es délivré pour toujours des coups de pied et des coups de la famille de ta mère. »

9. « C'était un enfant noir, de 8 à 9 ans environ. Je l'ai rencontré le soir à Sidwell, le long du chemin. Je l'ai emmené dans le jardin de l'école de *Hoërskoll Cilliers* et je l'ai baisé. Je l'étrangle jusqu'à ce que j'ai joui. C'était pareil pour lui que ce qui m'est arrivé quand j'étais enfant. Quand ce diacre qui me donnait des cours du dimanche, Percy, m'a dit que je devais aller chez lui dans la *Hanekomstraat*, et qu'il m'apprendrait plus sur le catéchisme du dimanche, alors c'est une queue dans mon cul que j'ai appris. J'ai saigné et il a bien appuyé dans mon trou pour l'arrêter, mais la douleur est restée là, jusqu'à aujourd'hui. »

Les raisons qui ont provoqué ces événements

En écoutant et en analysant les raisons invoquées par Stewart Wilken pour expliquer ses crimes, Micki Pistorius déclare que *Boetie Boer* est très lucide et responsable de ses actes, mais, comme la plupart des serial killers, il est aussi manipulateur. Ces individus se considèrent comme des victimes de la société qui rejettent leurs fautes sur les autres ou sur des facteurs extérieurs. Pour Wilken, c'est l'abus d'alcool et de drogue ou encore le refus de ses deux épouses de lui accorder des relations sexuelles.

« Je fume du *dagga*, mélangé à du Mandrax. Quand j'ai bu et que j'ai fumé du *dagga*, je ne me reconnais pas. A chaque fois que j'étais dans la rue à la recherche d'une putain pour me satisfaire, j'avais fumé et bu.

« Les raisons pour lesquelles je suis allé dans la rue chercher du sexe, c'était que pendant mon premier mariage ma femme sortait le soir faire le tapin, alors que moi et les enfants on était seuls à la maison. Elle m'a régulièrement refusé le sexe. Je n'étais pas assez bien pour elle, mais les autres hommes étaient assez bien pour avoir du sexe avec elle.

« Avec ma deuxième femme, ça a été la même chose. Elle m'a aussi refusé le sexe. Il est arrivé qu'il se passe huit mois sans que j'ai eu du sexe avec elle. Il est arrivé qu'elle me dise de nouveau qu'elle ne me donnerait pas de sexe. J'étais fâché. Je me suis levé pour aller de nouveau m'acheter deux comprimés de Mandrax et deux sachets de *dagga* pour le fumer et trouver le sommeil. Subitement, je me suis retourné et je lui ai dit que pour moi, c'était comme si elle... que j'avais l'impression qu'elle avait quelqu'un pour la satisfaire quand je travaille en mer. Elle a écarté les cuisses et m'a dit : "Baise-moi et je t'attraperai pour le viol." Elle a tiré son slip à travers ses parties génitales et m'a dit : "Viole-moi si tu veux baiser." Alors je vois que ses parties sont ouvertes. Alors je dis à ma femme qu'elle ne ressent rien pour moi et qu'elle a quelqu'un d'autre pour la satisfaire ; et quand je rentre à la maison, elle est déjà satisfaite. J'étais hors de moi. Je lui ai dit qu'elle me poussait à faire de mauvaises choses comme d'aller dans la rue chercher du sexe. Elle me dit que ce n'est rien, qu'elle est fatiguée par les parties génitales d'un paysan, d'un Boer comme moi.

« Ma petit fille, le garçon noir de Fort Frederick, l'enfant noir de *Hoërskool Cilliers,* ainsi que Henry Bakers, après les avoir tués, je les ai recouverts de branches. Ces branches, je les ai déposées sur eux parce que j'ai donné leurs âmes à Dieu. Ces branches symbolisent pour moi les fleurs avec lesquelles leurs âmes iront à Dieu.

« J'ai rendu plusieurs fois visite aux corps de ma petite fille Wuané, de Henry Bakers et de l'enfant noir de Fort Frederick, après les événements tels qu'ils sont expliqués ci-dessus. Pendant mes visites à Wuané, j'ai parlé avec elle et je lui ai demandé de me pardonner pour ce que j'avais fait et j'ai essayé de lui faire comprendre pourquoi j'avais donné son âme à Dieu. J'ai aussi déballé sur le sol ses vêtements que j'avais cachés, tels qu'elle les avait portés, et alors je pouvais la voir comme si elle était allongée là, avec ses vêtements sur elle, et j'ai parlé avec elle.

« Près des corps de Henry Bakers et du garçon noir de Fort Frederick, j'ai aussi bavardé avec eux et je leur ai expliqué ce que j'avais fait et les raisons pour lesquelles je les avais tués. Je leur ai aussi demandé pardon. Ensuite, j'ai eu des relations avec les corps de Henry Bakers et du garçon noir que j'ai tué à Fort Frederick, à l'occasion des visites que j'ai effectuées auprès de leur corps après les événements.

« Je n'ai rendu visite au corps d'aucune des autres personnes que j'ai étranglées après cela, je n'ai pas non plus recouvert leurs corps de branches parce qu'elles étaient toutes des prostituées ou des gens qui avaient proposé du sexe contre de l'argent. Ce sont des personnes dont les âmes n'iront pas à Dieu. »

Conclusion

« Je pense que j'ai besoin d'un traitement psychologique et psychiatrique. Je pense que je suis une personne malade. Tout ce que je demande à la Cour, c'est qu'elle ne m'inflige pas qu'une peine de prison de longue durée. Je veux bien que la Cour m'inflige une peine de prison de longue durée et que la Cour ordonne que je sois détenu dans une prison qui dispose d'installations psychologiques et psychiatriques, de telle sorte que je puisse recevoir un traitement de longue durée, pour qu'un jour, le jour où je serai relâché, je puisse aussi prendre ma place dans la société comme un homme normal. »

Stewart Wilken est totalement incurable. Même s'il reçoit un traitement de longue durée, comme il l'a demandé, il ne pourra jamais guérir de ses pulsions et fantasmes. Fort heureusement, les lois sud-africaines font que Wilken ne pourra pas bénéficier d'une libération conditionnelle.

Face au tueur

Au moment où ces lignes sont écrites, Stewart Wilken est toujours à la prison de Saint Alban's et il suit un traitement médical qui lui a été prescrit par le psychologue de la prison. Il n'est plus harcelé par ces terrifiants cauchemars, où ses victimes revenaient le hanter la nuit venue, au fin fond de sa cellule. Il ne voit plus les murs suinter d'acide. Bien évidemment, il ne prend plus de drogue ni d'alcool. En octobre 1999, je l'ai rencontré en compagnie du sergent Derick Norsworthy qui lui a apporté des yaourts et des jus de fruits. Je suis venu dans l'espoir de l'interroger.

Je suis frappé par son aspect qui contraste avec les clichés et vidéos de la police, le jour de ses aveux, le 31 janvier 1997, ou avec les photos de presse lors de ses apparitions au tribunal. A l'époque, il avait les cheveux longs et hirsutes, une barbe fournie, un ventre ballonné, les yeux injectés de sang et il semblait d'une saleté repoussante. Wilken avait vraiment la « tête de l'emploi ». Aujourd'hui, il est rasé de près, sa moustache est taillée avec netteté, son aspect extérieur dénote une propreté et un soin méticuleux. Avant de manger, il se lave longuement les mains et se nettoie les ongles qui sont d'une blancheur immaculée. Il découpe sa nourriture en petits carrés géométriques. La taille de ses mains est impressionnante.

Stewart est heureux d'accueillir Derick et son partenaire, Craig Le Roux : on dirait de vieux amis qui se retrouvent après une longue séparation. Derick m'a présenté auprès de Stewart, tous deux s'expriment en afrikaans, mais je me rends compte qu'il comprend bien l'anglais et le parle correctement. Au moment de son arrestation, *Boetie Boer* baragouinait juste quelques mots d'anglais.

Je subis un premier test quand Wilken me tend la main, que je serre sans la moindre hésitation. Il n'est pas menotté et porte un uniforme vert marqué à son nom. Quand nous nous asseyons, l'un en face de l'autre, il me regarde longuement sans rien dire, droit dans les yeux. Je ne baisse pas les yeux, à la grande satisfaction de Derick qui m'adresse un sourire en coin. J'ai apporté un exemplaire de la nouvelle édition de mon livre, *Serial killers – Enquête sur les tueurs en série*, qui vient juste de sortir chez Grasset, en octobre 1999. J'indique à Stewart qu'il est mentionné dans l'ouvrage et lui montre sa photo, prise le jour de son arrestation. Puis, je lui traduis les textes qui le concernent et il hoche la tête en signe d'approbation. Il est visiblement très fier. Il quitte la salle des visiteurs pour se rendre dans la pièce voisine où se reposent quelques gardiens. Stewart les interpelle, pour leur montrer sa photo. Il me demande de lui donner l'exemplaire et de le lui dédicacer. Je jette un regard en direction de Derick et Craig qui m'adressent un clin d'œil et un bref hochement de tête. Je m'exécute à contrecœur en remerciant Stewart Wilken d'avoir accepté de m'accorder un entretien.

Lors de cette rencontre, Derick lui a annoncé une grande nouvelle : pendant le déroulement du procès, il a retrouvé la sœur et la mère de Wilken. Il les a contactées, elles ont été très choquées d'apprendre qu'elles étaient apparentées à ce serial killer qui faisait la Une de tous les journaux du pays. La mère a demandé à Derick de transmettre à son fils son amour et de lui dire qu'elle ne l'avait jamais abandonné. En octobre 1999, Derick a reçu l'autorisation de l'administration pénitentiaire de transférer *Boetie Boer* dans une prison proche du domicile de sa mère biologique et de sa sœur. Lors des fêtes de Noël et du Nouvel An 2000, Stewart Wilken a retrouvé pour la première fois depuis trente ans les deux femmes, avant de retourner à la prison de Saint Alban's.

Dans ces enquêtes de serial killers, des liens étranges peuvent parfois se tisser entre l'homme qui cherche à pénétrer au cœur des fantasmes du tueur et ce dernier qui voit dans ce policier un confident. Cela peut se révéler dangereux pour l'équilibre mental de l'enquêteur, comme le confirme Micki Pistorius :

« Lorsque je discute avec les tueurs, je suis sur la même longueur d'onde qu'eux. Je ne les condamne pas pour ce qu'ils ont fait, en dépit de l'horreur de leurs actes. Quand je les questionne, c'est la psychologue qui prend le dessus. Je dois leur communiquer ce sentiment d'empathie, sinon ils ne s'ouvrent pas à moi. Et j'essaie d'entraîner les enquêteurs à agir pareillement : le sergent Derick Norsworthy y est parvenu lorsqu'il a fait avouer Stewart Wilken. Si vous considérez le criminel comme votre ennemi, vous ne pouvez pas établir de communication. Il est inutile d'en faire un ami, mais il faut créer une relation. Pour la première fois de leur existence, ils se trouvent face à quelqu'un qui les écoute, et ils s'ouvrent à vous. Malgré l'horreur de leurs actes, ce sont encore des êtres humains. Voilà pourquoi ils se mettent à parler. A ce stade, pour eux, c'est un soulagement, ils s'identifient beaucoup au détective ou à moi. C'est cette petite part de surmoi qui était perdue et qui, finalement, trouve à qui parler. Au début, la plupart des serial killers sont en très bons termes avec les enquêteurs : ils jouent à des petits jeux avec eux, ils leur montrent leurs armes, demandent aux policiers de leur rendre visite en prison. Mais lorsqu'ils passent en jugement, c'est à leurs avocats qu'ils s'identifient, car la défense représente celui qui va libérer le moi, qui peut leur permettre de tuer de nouveau. Ce transfert plonge parfois les policiers dans la confusion, car ils se montrent protecteurs vis-à-vis du serial killer. Eux aussi se trouvent mêlés à ce processus de transfert et de contre-transfert. Au moment où le procès démarre, le tueur en série devient l'ennemi des policiers qui ne comprennent pas toujours ce qui se passe.

« M'occuper de la santé mentale des enquêteurs fait aussi partie de mon travail, je dois les avertir, afin qu'ils ne s'investissent pas trop avec les serial killers. Il ne faut pas que les policiers se laissent envahir par les tueurs comme je le fais : je connais les dégâts que cela peut occasionner. Je sais que cela peut influer sur leur vie familiale et la relation qu'ils entretiennent avec leurs enfants. Dans un sens, je me dois de les protéger. Je prends cela sur moi, ce qui représente un lourd fardeau, avec les cauchemars et les fantasmes des serial killers dans ma tête. Je le fais aussi pour préserver les policiers eux-mêmes. Certains sont assez forts pour plonger au cœur de l'abysse et en ressortir indemnes. D'autres doivent prendre un congé maladie et suivre une cure de sommeil, après avoir travaillé sur une enquête. Ce processus est très douloureux, mais ils finissent par s'en sortir. Une telle investigation est bien plus exigeante d'un point de vue mental que physique. Les gens ne comprennent pas toujours cette différence qui existe entre une enquête "normale" et une affaire de tueur en série. Dans une enquête sur un braquage, les policiers voient le criminel comme leur ennemi, quelqu'un qu'ils doivent capturer. Avec un serial killer, le danger réside dans la possibilité d'identification avec le tueur. Pendant les formations, je fais subir aux policiers des tests, j'observe leur attitude en classe, ainsi que leur niveau de stress pendant les enquêtes. Parfois, je dis "Stop !" en plein milieu d'une investigation, je sens qu'il est temps de s'arrêter et de se réunir autour d'un barbecue, et je constate l'étendue des dégâts. Toute cette dynamique mentale est fondamentale. Tout cela affecte aussi ma vie privée et je dois apprendre à la gérer. J'y arrive mieux à présent, mais c'est devenu très lourd. J'ai trop de serial killers en même temps dans la tête. »

CHAPITRE IX

Serial sniper

Dans le *shebeen* de Qwabe Spot, au cœur de Phoswa Village, près de la bourgade de Piet Retief, il fait nuit noire en ce 13 juin 1997. Il est presque minuit et la propriétaire de ce bar illégal, Khonzaphi Qwabe, vient d'autoriser sa fille Thandazile à partir se coucher, après qu'elle l'a aidée à servir les clients pendant toute la soirée. Sous l'effet de l'alcool, la discussion est animée, les langues se délient d'autant plus qu'Aaron Mtshali, un ami et client de Khonzaphi, leur apprend qu'un inconnu a abattu deux hommes et une femme à Kempville, à environ trois kilomètres de Phoswa Village, quelque quatre heures plus tôt. Installés dans la cuisine de la hutte, Khonzaphi et Aaron sont bientôt rejoints par Mandla Ngwenya, un voisin, qui participe à la discussion.

Au bout de quelques minutes, ils aperçoivent une silhouette familière, Vusi Khumalo, un habitué, qui pénètre à l'intérieur du *shebeen*. En revanche, l'homme qui accompagne Vusi leur est inconnu, il porte un passe-montagne noir qui lui couvre le visage. Dans la salle à peine éclairée par les bougies, ils voient l'individu ouvrir les pans d'un long manteau militaire et sortir un fusil. Sans dire un mot et avec un calme terrifiant, le pseudo-militaire pointe son arme sur Mandla et lui tire une balle dans le ventre. Dans la seconde qui suit, c'est au tour d'Aaron d'être abattu, au-dessus de l'œil gauche. Khonzaphi a juste le temps de pousser un cri lorsqu'elle reçoit à son tour un projectile au-dessus de l'œil gauche. Mandla, grièvement blessé au ventre, parvient à quitter le *shebeen* en compagnie des clients affolés qui s'éparpillent dans l'obscurité du *township*. Il meurt de sa blessure quelques heures plus tard, à l'hôpital de Piet Retief. Pendant ce temps, Vusi et l'étranger au fusil se sont enfuis.

La petite Thandazile, âgée de 12 ans, qui venait juste de s'endormir dans sa chambre, se réveille pour découvrir sa mère Khonzaphi baignant dans son sang. Complètement sous le choc, elle n'en croit pas ses yeux. Son cerveau refuse d'accepter l'inacceptable et elle retourne se coucher. Au bout d'un quart d'heure environ, la fillette voit un homme se pencher au-dessus d'elle. C'est l'inconnu au manteau militaire et au passe-montagne noir qui est revenu sur les lieux de son forfait. Il interpelle Vusi Khumalo et lui annonce qu'il a trouvé quelqu'un d'autre sur qui tirer. Mais Vusi s'interpose et prend la petite par la main pour la faire partir. Quelques minutes plus tard, Thandazile revient sur place et ce qu'elle voit est inimaginable. Vusi et le tireur sans visage sont en train d'avoir des relations sexuelles avec le cadavre encore chaud de sa mère. Leur œuvre macabre achevée, les deux hommes repartent dans la nuit. Terrorisée, la fillette se cache sous un lit de la hutte où des voisins la découvrent le lendemain matin.

Grâce aux différents témoignages recueillis auprès des clients du *shebeen*, les policiers progressent très vite dans leur enquête. Ils identifient Vusi Khumalo qu'ils arrêtent le jour même, mais l'accusé nie absolument connaître l'identité du tireur au passe-montagne. Il prétend l'avoir rencontré quelques instants avant d'entrer dans le bar. Il est inculpé de viol et de complicité d'assassinats.

En interpellant Vusi Khumalo, les enquêteurs pensent même avoir mis la main sur le responsable des trois meurtres de Kempville qui se sont déroulés quatre heures avant les événements du *township* de Phoswa Village. Pour eux, c'est peut-être ce même duo qui a tué un homme de 65 ans, trois semaines auparavant, à Commondale, une bourgade située à environ trente kilomètres de Piet Retief. Les deux complices ont ensuite dérobé des marchandises, des lampes, des armes et autres objets de survie, dans ce magasin dont la victime était le veilleur de nuit. Mais le 28 juillet et le 5 septembre, deux hommes sont abattus dans des circonstances similaires à celles de Phoswa Village. Pis encore, les 25, 26 et 27 septembre, quatre hommes et une femme tombent sous les balles du mystérieux assassin qui semble se démultiplier à Phoswa Village, à Wakkerstroom et Welverdient. Les tirs font mouche dans la poitrine ou au-dessus des yeux, alors que les victimes se promènent le long de chemins de terre ou qu'elles se trouvent dans leurs huttes. Tous les projectiles sont de calibre .22 et proviennent du même modèle, un fusil Saloon. Le tireur est toujours vêtu d'un manteau de l'armée et d'un passe-montagne noir. Il fait preuve d'une grande arrogance : un jour, il ouvre le feu sur deux hommes, près d'une route en bordure de forêt, les rate et leur ordonne de rester sur place à l'attendre, le temps qu'il aille chercher de nouvelles munitions.

Le 26 septembre, sur la plantation de Welverdient, les enquêteurs découvrent des vêtements près du corps d'une des victimes. Les policiers identifient les habits comme appartenant à un certain Lala, qui avoue avoir été en compagnie de l'homme abattu. Lala prétend qu'il ne connaît pas l'identité de l'assassin, avant d'accuser un autre homme du village. Ce nouveau suspect affirme d'abord être le meurtrier, mais soutient avoir utilisé l'arme que lui a fournie Lala. Puis il se rétracte et accuse d'autres hommes d'être les coupables. Après enquête, les policiers doivent admettre que ces suspects ont menti, ils ont des alibis et ils sont innocents : aucun des témoins ne peut les reconnaître. Cependant, la brigade criminelle de Secunda estime que Lala a dit la vérité lors de ses premières déclarations. Toutes les pistes s'effondrent les unes après les autres. Et, pendant cette série de forfaits, Vusi Khumalo est en prison, où il attend son procès pour viol sur le cadavre de Khonzaphi L. Qwabe.

Le « Saloon Killer »

De la fin septembre 1997 à la mi-janvier 1998, une accalmie trompeuse règne sur Phoswa Village. Les enquêteurs de la brigade criminelle de Secunda savent bien qu'ils ont affaire à un serial killer d'un nouveau genre, car contrairement à la plupart des tueurs en série, le *Saloon Killer* assassine ses victimes à distance, il ne les approche jamais, ne les touche même pas. Ce *serial sniper* intrigue beaucoup Micki Pistorius, mais les policiers de Piet Retief ont arrêté un suspect, Lala, et ils pensent avoir mis la main sur le coupable. Lorsque les crimes reprennent le 14 janvier et s'accélèrent à un rythme effréné jusqu'au 4 avril 1998, faisant 13 morts et plus d'une dizaine de blessés graves, les enquêteurs locaux se rendent compte qu'ils ont désespérément besoin d'aide. Ce même 4 avril, ils demandent à Micki Pistorius de venir à Piet Retief les aider à rechercher l'assassin. Cela fait maintenant quatre ans que Micki travaille sans relâche, elle est exténuée et sort tout juste du procès de Stewart Wilken, le cannibale de Port Elizabeth. A cette époque, la jeune femme travaille sur plusieurs cas de serial killers à Kroonstadt, Empangeni, Kranskop, ainsi que sur l'affaire d'un tueur de prostituées au Cap.

« Avoir un serial killer dans sa tête n'est pas quelque chose qui se manifeste uniquement sur la scène du crime. Cela peut m'arriver n'importe où et n'importe quand, ce qui est très dérangeant et malsain pour ma vie privée. Je peux être chez moi pendant un week-end lorsque ce processus survient. Et, quelquefois, je sens que le serial killer est en train de tuer quelqu'un. Pourquoi ? J'ai déjà emmagasiné ses vibrations sur la scène du crime et je sais quand il se met en colère et quand il tue. Comme je travaille très souvent sur plusieurs affaires en même temps, ce sentiment est très frustrant, car j'ignore lequel de ces tueurs envahit mon esprit à ce moment-là. Et je me sens totalement impuissante à empêcher quoi que ce soit. Je ne peux pas communiquer avec eux, j'essaie de les garder dans ma tête et de les contrôler, mais c'est impossible. Ce sentiment est terrifiant. Je peux être en train de dîner avec un ami lorsque cette invasion survient. Je me mets à pleurer, ou bien j'ai une très forte envie de vomir. C'est très déstabilisant pour mes proches qui ne comprennent pas toujours ce qui se passe. J'ai tenté d'expliquer ce phénomène à certains d'entre eux, mais qu'y peuvent-ils ? Et je n'ai pas envie de leur faire partager cette impression. C'est ce que j'appelle l'abysse. Je ne veux pas les entraîner avec moi au fond de l'abysse. C'est un endroit sombre et solitaire. Si vous ne savez pas vous y prendre, vous êtes perdu. J'ai peur de m'en ouvrir à mes amis, à cause de ce qui s'y trouve. Quelques rares amis sont au courant, je leur ai raconté ce qui se passe en moi. Il m'est même arrivé de décrire des scènes de crime d'un serial killer dont je n'avais pas encore eu connaissance, puis, plus tard, de montrer des photos prises sur le terrain, en leur disant : "Souviens-toi, il y a deux semaines, j'ai décrit cette scène et maintenant la voici." Quand on ne sait pas ce qui se passe, c'est effrayant et cela a une influence extrêmement néfaste sur la vie. Lorsque vous avez en vous cette douleur et ces sentiments, sans savoir à qui ils appartiennent, vous êtes complètement déboussolé, vous vous demandez si ces sentiments vous sont propres, s'ils proviennent de la victime ou du serial killer. »

Lorsque Micki Pistorius se rend à Piet Retief quelques jours plus tard, elle passe ses deux premières journées à étudier avec soin tous les dossiers et la longue liste des 22 morts et 16 blessés :

— 24 avril 1996, à 20 heures, Eliot Nkosi, un homme de 65 ans, à Commondale ;

— 13 juin 1996, à 19 h 30, Nomsa Nlangamandla, une

femme de 21 ans ; Sitende Dhlamini, un homme de 25 ans, et Ashton Scheik, un homme de 21 ans, à Kempville ;

— Ce même 13 juin 1996, entre 23 heures et 1 heure du matin, Khonzaphi L. Qwabe, une femme de 38 ans ; Aaron J. Mtshali, un homme de 36 ans ; Mandla Ngwenya, un homme de 27 ans, à Phoswa Village ;

— 28 juillet 1997, à 20 heures, Dingingdadi R. Thwala, un homme de 28 ans, à Kempville ;

— 5 septembre 1997, à 22 heures, Lucky Mbuli, un homme de 24 ans, à Phoswa Village ;

— 25 septembre 1997, à 20 h 30, Yvonne Mkambule, une femme de 23 ans, à Phoswa Village ;

— Ce même 25 septembre 1997, à 22 heures, Paulo J. Manana, un homme de 56 ans ; Jacob Ngobesi, un homme de 44 ans, à Wakkerstroom ;

— 26 septembre 1997, à 23 heures, Bongani Mlipha, un homme de 21 ans, sur la plantation de Welverdient ;

— 27 septembre 1997, à 2 heures du matin, Amos M. Nkosi, un homme de 31 ans, à Phoswa Village ;

— 14 janvier 1998, dans la nuit, Ambriose Ntalinthali, un homme de 53 ans, à Phoswa Village ;

— 23 janvier 1998, à 22 heures, Vivien A. Blos, un homme de 39 ans, à Kempville ;

— 26 janvier 1998, à 19 heures, Absalom Nkosi, un homme de 28 ans, à Kempville ;

— 4 février 1998, dans la nuit, Ianie G. Malinga, un homme de 23 ans, à Phoswa Village ;

— 5 février 1998, à 19 h 30, Nellie Mduli, une femme de 31 ans, à Phoswa Village ;

— 6 mars 1998, à 19 heures, Rebecca Manana, une femme de 34 ans, à Phoswa Village ;

— 9 mars 1998, à 20 heures, Babili E. Nadaba, un homme de 45 ans ; Johannes Nhleko, un homme de 72 ans, à Zaaihoek ;

— Ce même 9 mars 1998, à 22 h 30, Andries Mthimkhulu, un homme d'âge indéterminé, à Driehoek ;

— 4 avril 1998, à 13 h 30, Zodwa Lucy Malingwa, une femme de 31 ans, à Goedetrou ;

— Ce même 4 avril 1998, à 18 heures, Phiri J. Nqutheni, un homme d'âge indéterminé ; à 19 heures, Elphas Mbuli, un homme de 33 ans ; à 22 heures, Zweli M. Nkosi, un homme de 20 ans, à Goedetrou.

Pendant près de deux semaines, la psychologue s'installe dans le bungalow d'un motel de Piet Retief, situé près d'un pont, juste en dehors de la bourgade. Elle passe des nuits et des jours entiers à s'imprégner du *Saloon Killer* qui envahit petit à petit son esprit. C'est sur la terrasse de son bungalow, face à la quiétude d'un lac où viennent se poser les oiseaux, que Micki Pistorius réfléchit : « Le profil n'est pas seulement un travail d'écriture, il consiste à traduire le processus mental du serial killer. Je n'écris pas en permanence, mais cela m'aide de me trouver dans un endroit calme, où je peux laisser mon esprit vagabonder. Je ne le fais pas vraiment de manière consciente, c'est mon subconscient qui agit et il m'est difficile de dresser un profil s'il y a beaucoup de monde autour de moi. Ici, à Piet Retief, par exemple, dans mon bungalow avec vue sur le lac, je pouvais me concentrer, assise sur la terrasse, ou me promener le long des berges. D'instinct, les enquêteurs savent quand il faut me laisser tranquille, ce qui est appréciable. Il en est de même sur les scènes de crime lorsque je leur explique que j'ai besoin d'être seule. Cela peut prendre une heure ou deux et ils restent sagement assis dans leurs véhicules à m'attendre. Je suis toujours à la recherche du vent sur une scène de crime et j'ai été extrêmement surprise de ne pas le trouver tout de suite sur cette affaire. J'ai eu beaucoup de difficultés à identifier le vent. Certaines des scènes de crime se situent sur des fermes près de Piet Retief où le vent est absent ; en fait, il était bien présent, mais il tournoyait dans les forêts environnantes. Je le voyais, mais je n'arrivais pas à entrer en contact avec lui. Quelques jours plus tard, je suis rentrée en voiture de Piet Retief à Pretoria, c'était le début de l'hiver, j'ai ouvert une vitre et le vent s'est engouffré dans le véhicule. Pendant ce voyage, j'ai découvert ce que je cherchais. Et, à mon retour, je suis parvenue à trouver le vent.

« Les policiers pensent que je suis complètement folle, car ils ne peuvent pas comprendre. Moi-même, j'ai eu du mal à saisir ce qui se passe en moi. Ils me respectent et le lien qui existe entre nous est très important. Je respecte aussi leurs humeurs et leur agressivité, leur besoin d'adrénaline. Parfois, cette agressivité peut déborder et je leur demande de faire une pause. Il arrive que nous nous disputions violemment, mais cela ne prend jamais une tournure personnelle. Ils ont même une attitude protectrice à mon égard. Quand nous nous rendons dans un bar et qu'ils se mettent à boire quelques verres, je me contente d'habitude d'un soda avant de m'endormir dans un coin ; eux, ils me surveillent en permanence pour s'assurer que personne ne me dérange. »

Le profil du tueur

Plusieurs faits frappent immédiatement Micki Pistorius. Contrairement au tueur des champs de cannes à sucre de Phoenix ou à l'étrangleur du Cap, le *Saloon Killer* ne s'attaque pas à un type spécifique de victimes, il vise aussi bien des femmes que des hommes, dont les âges sont très différents les uns des autres. Seuls les enfants échappent à ses balles ; parfois, il tire même sur des chiens et d'autres animaux domestiques. Il est extrêmement arrogant, et n'hésite pas à revenir sur le lieu du crime quelques minutes après avoir abattu une personne ou bien à prendre le temps de manger un bol de porridge ou encore d'exiger d'une victime qu'il vient de rater de rester sur place le temps qu'il recharge son fusil ! Au fil de ses lectures, le Dr Pistorius dessine un profil du coupable :

« Tout d'abord, ce qui est remarquable, c'est le fait qu'il

blessait les victimes juste au-dessus de l'œil gauche ou dans la poitrine. Six personnes sont abattues d'une seule balle au-dessus de l'œil gauche et deux autres au-dessus de l'autre œil, tandis que sept victimes sont touchées en pleine poitrine. Les crimes se sont déroulés la plupart du temps la nuit, donc dans une obscurité totale, car les *townships* de Phoswa Village ou de Kempville ne disposent pas d'éclairage nocturne. J'ai pensé que l'individu devait être entraîné pour tirer aussi bien et que c'était peut-être un militaire ou un ex-soldat. En fait, il s'est avéré que l'homme en question n'est pas un militaire, mais un agent de sécurité dont le surnom est *Soldier* (soldat) ! Divers témoins ont également mentionné que le tireur avait le crâne rasé et qu'il portait un manteau de l'armée et un passe-montagne noir, le *balaclava* des commandos militaires. J'ai écrit dans le profil que le criminel habitait dans le voisinage et qu'il était solitaire ; qu'il devait éprouver énormément d'animosité envers les civils et se considérer comme un soldat. Dans son enfance, il a dû être rejeté par ses parents, ce qui a suscité une méfiance instinctive et une grande paranoïa. Enfant, il a sûrement eu un endroit secret où il aimait à se cacher pour donner libre cours à ses rêves. Il devait se voir comme un héros. Adolescent, il a découvert l'armée qui incarnait à merveille ses fantasmes. C'est là qu'il a pu être formé pour devenir ce dangereux soldat qui n'éprouve aucune pitié. C'est la concrétisation de ses rêves d'enfant. Ensuite, tout a pu s'effondrer comme un château de cartes, peut-être par suite d'un renvoi de l'armée. A la moindre insulte réelle ou imaginaire, sa douleur enfouie de petit enfant a été réactivée. La situation était en décalage avec l'image du soldat sans pitié, et le seul moyen pour lui de rétablir l'équilibre consistait à tuer quelqu'un, n'importe qui. Le meurtre lui a redonné la puissance et a pansé ses plaies. Son arme est très importante à ses yeux, comme le prolongement de sa propre personnalité. Il doit sûrement l'enterrer dans les bois, en un lieu secret qu'il a aimé durant son enfance. Il aime la forêt, il vit comme un soldat et il est familier des méthodes de survie. S'il entre par effraction dans un magasin, il vole des articles de survie, tels que des bottes, des batteries, des boîtes de conserve... Comme il adore les armes à feu, j'ai indiqué dans mon profil qu'il a très certainement dérobé un ou plusieurs fusils, peut-être même l'arme du crime. »

A la lecture du profil brossé par Micki Pistorius, le superintendant Koos Fourie ordonne aux policiers de Secunda et de Piet Retief d'examiner tous les dossiers concernant des cambriolages ou des vols d'armes à feu. Parallèlement, le sergent Jan Sithole réactive tous ses réseaux d'indicateurs dans les *townships* voisins et parmi la population des criminels incarcérés. De nombreux suspects sont interrogés ou mis en examen, suite à des dénonciations. Les experts en balistique de Pretoria font une découverte importante : les douilles des munitions trouvées sur les scènes de crime correspondent à un fusil calibre .22 qui a été volé dans une ferme proche de Piet Retief. Des informations semblent indiquer qu'un gang local, le Gang 28, en est responsable. Pour ne pas éveiller les soupçons, les membres de cette bande sont interpellés, mais uniquement pour être questionnés sur ce cambriolage. L'un d'eux, un dénommé Wonder, est désigné comme un grand fanatique de l'armée et sa description physique paraît correspondre à celle donnée par les divers témoins des crimes. Il reste malheureusement introuvable.

Début juillet, Micki Pistorius se rend au Cap, accompagnée du superintendant Koos Fourie, pour donner ses cours sur les crimes sexuels et l'analyse comportementale aux nouveaux enquêteurs. Quelques jours après son arrivée, les policiers de la brigade criminelle de Secunda lui annoncent l'arrestation de Wonder, le suspect du Gang 28. La jeune femme est soulagée et elle décide de fêter l'événement avec Koos et les autres enquêteurs. Le 4 juillet au matin, pendant que Micki Pistorius dort sur la banquette arrière du combi que Koos Fourie conduit pour les ramener à Piet Retief, son téléphone portable sonne. Pendant que Wonder est sous les verrous, deux personnes ont été abattues dans la nuit des 2 et 3 juillet. Le tueur a signé son geste : une balle de calibre .22 juste au-dessus de l'œil gauche. Micki est effondrée, elle s'est réjouie trop vite. Le superintendant Koos Fourie se souvient de ce moment terrible : « Nous venions juste de quitter Le Cap par la route. Micki Pistorius a sorti de son sac un carnet et un stylo. Je me rappelle que c'était un stylo rouge. Elle a commencé à écrire un poème. Je ne me souviens plus exactement des mots précis, mais c'était un peu comme une berceuse qui disait : "Ne pleure pas, je viens te chercher." Et dans ce poème, elle parlait aussi d'un grand trou noir. Micki écrivait également qu'elle descendrait dans ce grand trou noir pour sortir le serial killer des ténèbres. Une fois arrêté, quand nous l'avons interrogé, le *Saloon Killer* nous a dit que dans ses rêves, il tombait souvent dans un trou noir. Je me rappelle que, dès la deuxième semaine, le *Saloon Killer* était rentré dans la tête de Micki. C'était dur. Micki avait peur, elle était exténuée. Elle pouvait l'entendre lui parler et elle s'adressait aussi à lui. Cela a duré deux ou trois jours, elle était à bout de nerfs. »

Pendant de longues semaines, l'enquête se poursuit, sans donner l'impression de progresser. Epuisée par le stress, Micki Pistorius retourne à Pretoria, d'autres serial killers occupent son temps et ses pensées. Pendant les mois de juin à septembre, elle et sa collègue Elmarie Myburgh travaillent simultanément sur quinze affaires de tueurs en série. Elle se tient régulièrement informée de l'avancée des recherches du *Saloon Killer* par le superintendant Koos Fourie et, comme nous l'explique le sergent Jan Sithole : « Au départ, nous avons perdu beaucoup de temps avant de comprendre que nous avions affaire à un même tueur. Certains des cas avaient été traités par des services de police différents. En conséquence, nous n'avons eu connaissance d'un des crimes qu'en avril 1998 alors qu'il avait été commis en juillet 1997 ! La tâche était difficile parce qu'il tuait ses victimes la nuit, d'où l'absence de témoignages. La population locale était très motivée et nous a aidés, en voyant tous les efforts que nous avons faits. C'est d'ailleurs grâce à deux informateurs que nous avons identifié le tueur. Il avait l'habitude de se vêtir d'une grande veste de l'armée à longs pans et un de nos informateurs, un ami proche du tueur, l'avait vu à plusieurs reprises transporter quelque chose de lourd caché derrière sa veste-manteau, mais il n'avait pas réussi à définir la nature de l'objet. Peu après, un second indic nous a rapporté les mêmes renseignements que le premier, mais avec une information supplémentaire qui m'a tout de suite mis la puce à l'oreille. Le surnom de cet individu bizarre qui se baladait en costume militaire était *Soldier*, or je venais de lire le profil psychologique de Micki Pistorius qui insistait particulièrement sur la fascination du tueur pour tout ce qui touchait au métier de soldat.

« Finalement, on est parvenus à l'identifier et à le localiser. On l'a arrêté dans un bar de Phoswa Village le 10 septembre, vers 1 heure du matin. A l'intérieur de la maison, il y avait trois ou quatre types et l'un d'eux avait de l'herbe. D'autres individus sont arrivés un à un. Je pense qu'ils venaient là pour s'approvisionner et fumer le *dagga*. Puis Velaphi Ndlangamandla a fait son apparition, un grand bonhomme de 32 ans. Il a reconnu son identité et nous lui avons ordonné de se mettre dans un coin avec les autres. Il avait aussi de la marijuana sur lui. Volontairement, nous n'avons pas indiqué les motifs de leur arrestation. Velaphi devait croire que c'était au sujet de la drogue. Nous les avons emmenés au poste, et nous avons commencé à les interroger, Velaphi en dernier. Je suis passé le voir à plusieurs reprises. Il était en sueur et je me rendais bien compte qu'il souhaitait me parler. Je savais qu'il était l'individu qu'on recherchait, mais je lui ai dit : "Reste tranquille, on va s'occuper de toi." La formation que j'ai suivie avec Micki m'a appris à lire le langage corporel d'un tueur de ce type. Son attitude correspondait tout à fait à ce qu'elle m'avait enseigné. Il ne fallait pas brusquer les choses.

« Les premiers interrogatoires de ses amis n'ont rien donné et nous avons décidé de les garder en cellule comme suspects. Il nous fallait analyser la situation et trouver quelque chose qui implique Velaphi. Au bout de quelques heures passées en prison, nous l'avons sorti pour le questionner à son tour. Il paraissait très à son aise à ce moment-là. Tout notre interrogatoire a porté sur son enfance, sur la manière dont il a grandi. Pendant tout ce temps, je crois qu'il s'attendait à ce qu'on l'inculpe pour cette histoire de drogue, jusqu'au moment où on lui a parlé du fusil. On lui a dit : "Donne-nous le fusil et tout ira bien." Il a été complètement déstabilisé, mais il est resté calme et nous a longuement regardés en silence. Son front s'est couvert de transpiration. Ce silence m'a paru durer une éternité, puis il a déclaré :

"Comment savez-vous que j'ai un fusil ? — Tu sais, Velaphi, on veut seulement t'aider." Quelques secondes de pause. "D'accord. Je suis content que vous veniez à mon secours. Allons-y. Allons chercher le fusil."

« A partir de ce moment-là, il n'a plus voulu répondre à la moindre question. Il répétait sans cesse : "Allons-y." Il était environ cinq heures du matin, nous sommes allés chez lui, il nous a montré le fusil, nous l'avons pris, nous sommes retournés au commissariat. C'était bien l'arme du crime, le fameux Saloon de calibre .22. Velaphi Ndlangamandla était toujours aussi calme et ne manifestait pas la moindre émotion. Dans les bureaux de la brigade criminelle, nous l'avons averti que c'était l'arme que nous recherchions depuis de longs mois. Je lui ai dit : "Je sais que ce fusil a une longue histoire, peux-tu nous la raconter ? Les bonnes et les mauvaises choses qui concernent ce fusil." Il a craqué. Au cours de ses aveux, Velaphi a gardé la tête baissée, pas une seule fois il n'a levé les yeux. Il nous disait : "A cet endroit, le fusil a tué telle ou telle personne", etc. Ce n'était jamais lui le responsable des assassinats, c'était le fusil. Il suait à grosses gouttes, mais il n'a jamais fait preuve du moindre remords pour ses victimes. Il se faisait uniquement du souci pour son propre sort, car il savait qu'il allait passer de très longues années en prison. Il nous demandait si telle ou telle prison était bien protégée ou si on allait le traiter correctement. Il craignait la réaction des autres détenus à son égard et il voulait qu'on intervienne pour qu'il n'ait pas d'ennuis.

« Lorsqu'il a évoqué son enfance, j'avoue que j'ai eu pitié de lui. Il nous a parlé des conditions dans lesquelles il avait grandi, comment il espérait recevoir une éducation pour devenir policier ou soldat, son existence très dure comme journalier dans une ferme ou comme agent de sécurité. En écoutant son récit, je me suis senti désolé pour ce type. »

Dans cette affaire du *Saloon Killer*, le rôle de Micki Pistorius a été capital. Les policiers locaux ont tardé à la prévenir, puisqu'elle ne s'est rendue à Piet Retief qu'une fois tous les crimes commis. Entre 1996 et 1998, les inspecteurs ont arrêté un grand nombre de suspects, certains, à chaque fois, d'avoir trouvé le coupable. Mais c'est grâce au profil dressé par la psychologue que l'enquête s'est orientée vers un individu qui se prenait pour un soldat et qui avait probablement volé des armes à feu. Ces pistes ont permis au sergent Jan Sithole d'activer ses réseaux d'informateurs en ciblant les éventuels suspects. Sans l'intervention de Micki Pistorius, le *Saloon Killer* aurait poursuivi ses activités criminelles encore longtemps.

Il est environ six heures du matin, ce 10 septembre, lorsque le superintendant Koos Fourie décroche son téléphone pour prévenir Micki Pistorius des aveux de Velaphi Ndlangamandla. Quelques heures plus tard, elle se trouve pour la première fois face au *Saloon Killer* qu'elle questionne pendant tout le reste de la journée dans son bureau de Pretoria. Le profil psychologique qu'elle en a dressé correspond à la réalité. L'homme est un fanatique de l'armée et porte constamment des habits militaires. Il aime se promener dans les bois où il a l'impression de se sentir en sécurité. Velaphi se balade toujours avec des balles dans ses poches qu'il tripote en pensant à ses futures victimes. Il a effectué plusieurs peines de prison pour vols et cambriolages, sans compter les inculpations pour voies de fait et viol. Pendant qu'il purge sa dernière condamnation, il est sodomisé par un codétenu qui lui transmet une maladie vénérienne. Depuis cette date, il n'arrive plus à avoir de relations sexuelles avec sa compagne qui le lui reproche lors de violentes disputes. Le fusil de modèle Saloon devient à ses yeux un substitut de son pénis. Tous les jours, Velaphi le sort de sa cachette, le nettoie, l'huile et le caresse. Dès qu'il tient l'arme entre les mains, il ressent une formidable impression de puissance. A chaque fois qu'il avait le sentiment d'être rabaissé par sa femme ou quelqu'un d'autre, il partait dans la nuit déterrer son fusil pour abattre des inconnus. Symboliquement, ses victimes sont des femmes qui se moquent de lui lorsqu'il n'est pas capable d'avoir une érection et les hommes représentent le détenu qui l'a violé et rendu impuissant, lui qui rêve d'être un héros militaire et père d'une famille nombreuse. D'une certaine manière, les meurtres du *Saloon Killer* sont aussi des crimes sexuels.

« Cet interrogatoire du *Saloon Killer* n'a pas été très différent des autres confrontations que j'ai eues avec des tueurs en série. Quand j'interroge un serial killer, un processus particulier se met en place dans ma tête. Ce n'est pas moi réellement en tant que personne. Je crois que beaucoup de gens peuvent le faire. Il faut juste se concentrer entièrement sur l'individu qui vous fait face. Auparavant, vous avez visité les scènes de ses crimes et vous avez rassemblé toutes les sensations et vibrations d'énergie que l'on peut ressentir en ces lieux. Ensuite, il vous faut conserver toutes ces impressions lorsque vous commencez à lui parler. Si vous y pensez de manière trop consciente, vous n'y arrivez pas, car vous êtes concentré sur votre propre personne et non pas sur le serial killer. Mais si vous vous focalisez complètement sur lui, tout en utilisant tout ce que vous connaissez à son sujet, il le sent et c'est à ce moment-là qu'il s'ouvre à vous et se met à parler. C'est ainsi que j'ai pu parvenir à communiquer avec Sipho Twala, le tueur de Phoenix. Je lui ai raconté l'histoire d'un homme qui marche dans les champs de cannes à sucre, ce qui s'est exactement passé au moment des crimes et ce qu'il ressentait. Jusque-là, il ne voulait pas parler aux policiers et il s'est ouvert à moi.

« C'est effrayant de partager les pensées des serial killers. Dans le cas de *Soldier*, lors de son interrogatoire, il a commencé à me raconter un rêve et un cauchemar qui le tourmentaient. Je l'ai stoppé pour lui dépeindre la suite de son cauchemar. Il s'imaginait tomber d'une montagne et d'un barrage dans un profond ravin. Stupéfait, il a reconnu que j'avais visé juste. Moi-même, la nuit, j'ai de terribles cauchemars et l'un d'entre eux ressemble énormément à celui de Velaphi. Mais cela ne m'a pas étonnée, car depuis pas mal de temps déjà le *Saloon Killer* était entré dans ma tête. »

Fin février 1999, Micki Pistorius visite pour la première fois ce qui reste de la maison du *Saloon Killer*. Le stress, la fatigue et, surtout, tous les tueurs qu'elle a en permanence dans la tête ont raison d'elle. Micki craque, elle assume. Ces six années de cauchemar l'ont amenée au bord de la folie. Ce jour-là fut sa dernière visite sur une scène de crime, elle s'est juré d'arrêter.

Pendant les mois qui suivent, elle continue à diriger son unité au sein de la police sud-africaine, s'occupe de l'interrogatoire des serial killers arrêtés, supervise les profils et les enquêtes sur le terrain menées par sa collègue Elmarie Myburgh, mais elle n'a plus de cauchemars ni de serial killers dans sa tête. En mars 2000, Micki Pistorius démissionne de la police. Le 18 septembre de la même année, Velaphi Ndlangamandla, le *Saloon Killer*, est condamné à 137 années de prison pour 19 assassinats, 9 tentatives de meurtres, 6 vols et 5 cambriolages.

En guise de conclusion

« Je me suis sentie très triste dans la maison de Velaphi. Dans cet endroit, j'ai prêté attention à mes propres émotions, pas aux siennes. J'ai pensé à toutes ces personnes qu'il a tuées et je me suis dit que c'était l'endroit où il dormait chaque nuit, où il rêvait, se masturbait et planifiait ses crimes. Le Mal régnait entre ces murs et n'importe qui d'autre aurait pu éprouver la même chose. Cela m'a rendue très malheureuse, je ne voulais pas être là. J'ai ressenti de la souffrance pour les familles des victimes à qui les leurs devaient manquer, pour le serial killer, pour les heures de sommeil en moins, pour tous ces cauchemars qui me hantaient. J'étais malheureuse de ne pas voir assez souvent mes amis et ma famille. Mais surtout j'étais malheureuse pour moi et pour les enquêteurs qui m'ont chaperonnée si gentiment. J'avais atteint le point dans ma carrière où il fallait que j'abandonne le *profiling* pour sauver ma santé mentale.

« Lorsque j'ai travaillé sur le cas de Velaphi, j'ai été très perturbée par toutes ces affaires, je vivais en permanence un stress terrible. Je faisais de mauvais rêves, je me sentais isolée, je ne voulais pas m'approcher des gens, j'avais peur. J'ai eu l'impression que j'étais en train de perdre la tête. Je me suis rendu compte que tout cela allait trop loin et que j'étais en train de sacrifier ma vie. Il fallait absolument que je prenne une décision, alors j'ai décidé d'arrêter le métier. Je ne veux pas dire que toute cette souffrance n'a servi à rien. Grâce à notre travail d'équipe, nous avons sauvé des vies humaines et incarcéré un grand nombre de serial killers. Cela valait la peine d'être fait. Mais je ne crois pas que cela aurait servi à grand-chose que je devienne folle. Depuis mes débuts dans la police en février 1994, les choses ont évolué dans le bon sens : notre unité d'investigation psychologique s'est agrandie et de nombreux enquêteurs des brigades criminelles ont été formés par mes soins et ceux d'Elmarie Myburgh. Depuis cet épisode douloureux dans la maison de Velaphi, où j'ai vraiment senti que j'avais atteint mes limites, je ne travaille plus directement sur les scènes de crime. Je laisse faire Elmarie qui est très douée. Je ne m'implique plus autant qu'auparavant. Je lis tous les profils qui passent par mon service et je donne des conseils. Les policiers savent à présent que je me suis quelque peu retirée et ils l'ont accepté. Je peux toujours résoudre une affaire, je n'ai pas perdu mes capacités, je dirige toujours mon service, mais il fallait que cela cesse. Je me repose beaucoup et j'essaye de changer ma façon de penser. Cela fait maintenant plusieurs mois que je n'ai plus de serial killers dans la tête, je ne pense plus à eux, ils sont en prison et je ne fais plus de cauchemars. J'ai envie de connaître une vie plus heureuse, de profiter de ma maison, de mon jardin, de passer du temps avec mes animaux et mes amis. Avant même que je craque dans la maison du *Saloon Killer*, je sentais déjà que j'avais dépassé les bornes. Six mois auparavant, lors d'une remise de diplômes aux policiers qui suivaient mes cours au Cap, j'étais sortie seule dans la nuit et je m'étais effondrée en larmes. J'ai compris qu'il fallait que j'arrête et qu'il y avait d'autres moyens pour moi de contribuer à ce travail d'équipe, sans être personnellement impliquée.

« Il m'est difficile de dresser un bilan de ces six dernières années. Si j'effectue un retour en arrière, c'est comme si je n'avais pas eu de vraie vie. Je ne parviens pas à me souvenir d'un seul moment où je me sois réellement sentie heureuse. D'une certaine façon, c'est ma faute. Je sais que cette expérience fait partie du passé, de mon passé. A présent, lorsque j'examine une photo de scène de crime, juste une photo, je suis horrifiée et cette réaction me fait plaisir, parce que c'est la réaction normale de toute personne confrontée à une telle situation. Il fut un temps où je pouvais regarder un cadavre mutilé, sans être affectée le moins du monde.

« A cette époque de ma vie, je vivais en permanence à l'intérieur de la tête des serial killers. Et comme je baignais dans la même ambiance qu'eux, il était compréhensible qu'ils soient ainsi en moi, parce que j'étais ouverte à cela. Si vous ouvrez votre esprit au mal, le mal entre en vous. Je ne peux pas l'expliquer rationnellement, mais c'est pour cette raison que j'étais capable de les retrouver. Je ne les cherchais pas vraiment, j'étais tellement immergée dans un monde obscur que je pouvais les débusquer. Depuis, j'ai appris à contrôler ce phénomène qui a été un atout pour la police. Mais c'était surtout très dangereux pour mon équilibre mental. Aujourd'hui, cela ne me fait plus peur et je pourrais exercer à nouveau, mais je n'en ai plus envie. La vie a tellement à offrir. Et puis, je ne voudrais surtout pas que d'autres s'y exercent sans avoir été préparés à l'affronter. On plonge dans un monde obscur et solitaire, très difficile à supporter. Un monde que l'on ne peut partager avec personne.

« Si j'ai donné six ans de ma vie à une cause qui en valait la peine, ma vie privée, en revanche, en a souffert. Je pense que le coût a été trop élevé. »

Blessée, fatiguée et solitaire, Micki Pistorius tente de se reconstruire. Elle voudrait tout simplement redevenir une femme, ne plus avoir tous ces serial killers dans la tête. Aujourd'hui, elle a démissionné de la police, rendu son arme et son insigne. Avant de partir, elle a formé deux nouveaux *profilers*, deux femmes, la relève pour affronter les ténèbres : « J'ai la chance d'avoir une collègue brillante et très consciencieuse, Elmarie Myburgh. Elle a débuté à mes côtés sur le cas du serial killer de Phoenix et nous avons dû nous séparer à cause d'un autre cas à Johannesburg. Je l'ai poussée à partir, malgré la bonne équipe que nous formions, car elle avait une relation de confiance avec l'inspecteur chargé de l'enquête à Johannesburg. Depuis, nous avons recruté une autre femme qui s'est spécialisée sur tous les cas de violeurs en série. Malheureusement, le manque de temps nous empêche pour le moment de former d'autres personnes à l'analyse comportementale. Ces dernières années, j'ai enseigné les techniques d'analyse comportementale à près d'une cinquantaine d'enquêteurs sud-africains lors de stages organisés au Cap. Il serait très intéressant de pratiquer des échanges avec des analystes étrangers, afin de nous imprégner de nos cultures respectives. Il me serait sans doute difficile d'établir le profil d'un serial killer en France, si je ne connaissais pas la culture de ce pays. Travailler avec quelqu'un qui connaît l'environnement culturel du serial killer et former une bonne équipe, c'est avancer bien plus efficacement dans l'enquête. »

Depuis qu'elle a quitté la police, Micki Pistorius s'est plongée dans l'écriture : elle s'est purgée de tous ces serial killers en racontant son expérience de *profiler* dans *Catch Me a Killer...* (2000). Elle a ensuite publié *Strangers on the Street* (2002), une étude sur une trentaine de tueurs en série sud-africains, *Fatal Females – Women Who Kill* (2004), *Profiling Serial Killers and Other Crimes in South Africa* (2006), et son premier roman, *Sorg*, écrit en afrikaans, est sorti fin 2006.

Après sa démission, elle rencontre une psychologue qui décide de la soumettre à une thérapie régressive. Micki Pistorius raconte son expérience dans un article : « The Journey to Enlightenment », mis en ligne sur SpiritWeb.net. « Quand j'ai sacrifié tout ce qui comptait à mes yeux, mon mariage, ma famille et ma santé mentale, j'ai eu l'impression que c'était pour rééquilibrer un karma très ancien. Je n'arrivais pas à comprendre la teneur du mal effroyable que j'avais pu commettre et qui me poussait, en retour, à essayer de pénétrer dans la tête des tueurs en série pour les arrêter. Avec ma psychologue, nous avons décidé d'utiliser l'hypnose pour débusquer en moi l'agresseur originel qui avait eu recours au meurtre. Un jour, nous avons décidé avec courage de le traquer à travers les siècles. » Dans sa vision d'une autre époque, l'ex-*profiler* s'imagine armée d'une épée près d'une mosquée, à patauger dans un océan de corps mutilés et de flots de sang. Elle sent d'instinct qu'elle a « tué au nom du Christ ». Micki Pistorius se rappelle que ses ancêtres maternels, la famille Tancred, étaient des croisés. Sa mère lui transmet un livre sur l'épopée des croisades où, à sa grande stupéfaction, elle reconnaît la mosquée de sa vision. Tancred a été le premier croisé à franchir les murailles de Jérusalem. Après avoir promis aux musulmans qu'ils pourraient trouver un sanctuaire dans la mosquée, il répudie sa parole pour les massacrer au fil de son épée. « J'étais la réincarnation d'un de mes propres ancêtres, explique Micki Pistorius. J'avais finalement trouvé l'homme à l'origine de ce karma. Ensuite, dans chacune de mes réincarnations, j'étais un médecin, une guérisseuse, une *sangoma* et dans ma forme actuelle – une psychologue. J'avais intégré Tancred pour faire la paix avec lui (...). Mon existence est maintenant remplie de joie et j'ai comme l'impression de m'éveiller d'un long et profond coma. Je combats toujours le crime, mais dans ma vie privée je me suis tournée vers le chamanisme, le reiki et la guérison par le cristal. »

En juin 2001, lors d'un séjour en France, Micki Pistorius demande à Isabelle Longuet, traductrice, de l'accompagner à Coutances pour visiter le musée de la famille Tancred dans le village de Hauteville. Elle touche de la main certaines des pierres de la petite église adjacente, qui datent de l'époque des croisades, et invoque son ancêtre mort dans un territoire étranger. « Je suis certaine que sur son lit de mort, il aurait souhaité poser une dernière fois son regard sur son paysage natal. Je l'invitais à se servir de mes yeux. Je me sentis finalement en paix avec moi-même. Je me suis trouvée, j'ai découvert mes guides spirituels, les anges et Dieu (...). Chaque jour qui passe, je célèbre l'univers. »

Micki Pistorius travaille maintenant dans le privé et se sert toujours de son expérience de psychologue pour gérer les problèmes de violence sur le lieu de travail que connaissent les entreprises en Afrique du Sud.

« J'ai été abîmée par tout cela. J'ai l'impression que mon âme et mon esprit ont été violés à plusieurs reprises, mais j'ai refusé d'être une victime et je pense que j'y suis parvenue. Actuellement, je me sens mieux, en bonne santé mentale. Il a fallu que je sois très forte pour cela. Ces dégâts ont laissé des blessures comme ils en laissent dans la vie de n'importe quelle personne. J'espère qu'un jour mes blessures seront cicatrisées... »

Annexe

On parle beaucoup du métier de *profiler*, c'est même un sujet à la mode. Mais cette profession n'est pas encore codifiée. Elle devrait l'être prochainement puisqu'un projet de loi prévoit de réserver le titre d'analyste comportemental aux seuls officiers de police judiciaire (OPJ). A l'avenir, en France, seuls les policiers et gendarmes pourront exercer ce métier.

Si les enquêtes des véritables *profilers* commencent à être reconnues un peu partout dans le monde, il n'en est pas de même pour leur méthodologie et les profils qu'ils écrivent. Cet aspect de leur travail demeure toujours nimbé d'une aura mystérieuse, au point que l'on a parfois l'impression d'être confronté à des méthodes quasi divinatoires. Afin de déchirer un coin du voile, nous publions ci-dessous pour la première fois au monde l'intégralité d'un profil psychologique établi pour un cas de serial killer, le tueur des champs de cannes à sucre de Phoenix, en Afrique du Sud. Ce document d'un intérêt primordial en matière de criminologie est l'œuvre conjointe de Micki Pistorius et de sa collègue Elmarie Myburgh.

Le serial killer de Phoenix

Profil établi en juin 1997 par le Dr Micki Pistorius et Elmarie Myburgh, avec l'aide des membres de la brigade criminelle de Durban et du superintendant Philip Veldhuizen.

1. DONNÉES DU PROFIL

1.1 SCÈNES DE CRIME

Les scènes de crime sont mentionnées dans l'ordre de leur découverte et non pas dans l'ordre chronologique des meurtres. Le premier corps a été signalé par la victime survivante. Les corps 2 à 11 ont été découverts par des coupeurs de cannes à sucre. Les corps 12 à 18 ont été trouvés les 23 et 24 juillet 1997 par l'unité canine.

1.1.1 Victime n° 1 : Gabisile Buthelezi, 12 ans
Assassinée : 23 juin 1994
Découverte : 23 juin 1994
Vue pour la dernière fois : 23 juin 1994
Scène du crime : champ de cannes à sucre, lot 271

La victime a été trouvée face contre terre. Les mains sont liées à l'aide d'une cordelette et les pieds sont ligotés avec un morceau de tissu arraché à sa robe. Elle est étranglée avec une corde et une écharpe. Elle a été violée.

Le suspect a attiré deux fillettes dans les champs de cannes à sucre. Il les a agressées. Il a attaché Mabongi Mngoma, puis a fait de même pour Gabisile, avant de la violer et de l'étrangler. Ensuite, il a détaché Mabongi, l'a violée, pour la ligoter de nouveau et l'étrangler. Elle n'est pas morte et est parvenue à s'échapper après le départ du suspect. Son témoignage a été enregistré une nouvelle fois.

1.1.2 Victime n° 2 : non identifiée (environ 25 ans)
Assassinée : 30 juillet 1995
Découverte : 2 août 1995
Vue pour la dernière fois : ?
Scène du crime : champ de cannes à sucre, lot 431

Le suspect frappe la victime à la tête avec un objet contondant. On note cinq blessures au front et le crâne est fracturé. Elle est décédée des suites de ses blessures. Il l'a déshabillée et l'a installée en position accroupie sur les genoux, les fesses en l'air. Elle porte toujours une culotte. Il pratique l'*ukuzoma*, une coutume zoulou de pénétration entre les cuisses au lieu du vagin. Ceci est utilisé comme méthode de contraception ou pour éviter les maladies sexuellement transmissibles. Le suspect l'a étranglée manuellement pendant l'*ukuzoma*.

Ses vêtements et bijoux n'ont pas été retrouvés.

1.1.3 Victime n° 3 : non identifiée (environ 25-30 ans)
Assassinée : 19-20 août 1995
Découverte : 21 août 1995
Vue pour la dernière fois : ?
Scène du crime : champ de cannes à sucre, lot 241

La victime est trouvée nue, face contre terre. Elle est allongée sur un carton ouvert. Un autre carton ouvert la recouvre, avec des feuilles de cannes à sucre par-dessus.

Le suspect a frappé la victime sur le côté droit du visage avec un objet contondant. Il a probablement pratiqué l'*ukuzoma* pendant qu'il l'étranglait à mains nues. Une blessure à l'arme blanche est visible sur le côté droit de son estomac et se prolonge jusque dans le dos. Il a probablement découpé les vêtements avec un couteau.

Le fait que la victime soit recouverte avec du carton et des feuilles de cannes à sucre indique des sentiments de culpabilité. Il la connaissait peut-être et l'aimait bien. Ses vêtements sont éparpillés un peu plus loin dans les champs de cannes à sucre, mais il manque sa culotte.

1.1.4 Victime n° 4 : non identifiée
Assassinée : ?
Découverte : 17 février 1997
Vue pour la dernière fois : ?
Scène du crime : champ de cannes à sucre, lot 301

La victime est face contre terre. Les mains sont attachées dans le dos avec un morceau de tissu, les pieds sont ligotés avec un bout de tissu vert. Elle est vêtue d'une robe. Ses chaussures et bijoux ont été emportés. Comme il n'existe aucune photo disponible, il est difficile de reconstruire la scène du crime. Le corps étant dans un état de décomposition avancée, aucun prélèvement n'a été effectué.

1.1.5 Victime n° 5 : non identifiée (environ 25 ans)
Assassinée : ?
Découverte : 30 avril 1997
Vue pour la dernière fois : ?
Scène du crime : champ de cannes à sucre, lot 431

La victime est allongée sur le flanc droit. Son chemisier est remonté et elle porte un soutien-gorge rose. Elle a été étranglée avec sa culotte qui a été déchirée ou découpée. La victime n'est pas attachée. Elle était probablement inconsciente lorsqu'il a pratiqué l'*ukuzoma*. Sa robe et ses chaussures ont été emportées. Le corps est en état de décomposition avancée et aucun prélèvement n'a été effectué.

1.1.6 Victime n° 6 : non identifiée
Assassinée : ?

Découverte : 27 mai 1997
Vue pour la dernière fois : ?
Scène du crime : champ de cannes à sucre, lot 673

Le corps est allongé sur le dos et les mains sont attachées sur le devant avec un morceau de tissu. Elle porte une culotte noire et un chemisier. Les pieds sont ligotés avec le même tissu. Son sac à main et ses chaussures sont rangés près du cadavre. Les restes sont presque à l'état de squelette et aucun prélèvement n'a été effectué.

1.1.7 Victime n° 7 : non identifiée
Assassinée : ?
Découverte : 4 juin 1997
Vue pour la dernière fois : ?
Scène du crime : champ de cannes à sucre, lot 243

Le corps est découvert près du chemin de terre principal. Seuls des restes brûlés sont trouvés, car le champ a été incendié le jour précédent. Il semble que la victime est face contre terre, les mains attachées dans le dos. Des chaussures blanches sont présentes sur les lieux.

1.1.8 Victime n° 8 : non identifiée
Assassinée : ?
Découverte : 9 juin 1997
Vue pour la dernière fois : ?
Scène du crime : champ de cannes à sucre, lot 673

La victime est face contre terre, les mains attachées dans le dos. Ses pieds ne sont pas ligotés. Elle a été bâillonnée et étranglée avec du tissu. La partie supérieure du torse a été coincée entre deux pieds de cannes à sucre pour l'empêcher de bouger. Elle a une manche de tricot de laine/chemisier sur un bras. Le cadavre est gravement brûlé.

1.1.9 Victime n° 9 : non identifiée (environ 16 ans)
Assassinée : ?
Découverte : 18 juin 1997
Vue pour la dernière fois : ?
Scène du crime : champ de cannes à sucre, lot 671

Le corps est trouvé face contre terre. Les mains sont attachées dans le dos avec des lanières découpées dans un sac en toile. Les pieds sont ligotés avec la même matière. Le bâillon qui entoure la bouche et le cou est fabriqué à partir de tissu emprunté à son soutien-gorge et à un t-shirt. Elle porte toujours sa robe.

Le suspect lui a fait probablement perdre connaissance par un coup, avant d'arracher sa robe sur le devant, de découper son soutien-gorge et de mettre en place le bâillon. Au préalable, il a enfoncé la culotte dans la bouche. Il a pratiqué l'*ukuzoma* pendant qu'il l'étranglait. Ses pieds sont attachés avec des nœuds très serrés pour faciliter l'*ukuzoma.* Le corps est dans un état de décomposition avancée.

1.1.10 Victime n° 10 : Hlengwe Theressa Mfeka, 24 ans
Assassinée : ?
Découverte : 20 juin 1997
Vue pour la dernière fois : 14 avril 1997
Scène du crime : champ de cannes à sucre, lot 671

Le corps est face contre terre. Les mains sont attachées dans le dos avec des lanières découpées dans son jupon. Il en est de même pour les pieds. Le torse a été coincé entre deux pieds de cannes à sucre. Il a mis en place un harnais élaboré qui encercle complètement le visage et la nuque. Il a pratiqué l'*ukuzoma.* La victime ne porte qu'une petite culotte. Ses vêtements et ses chaussures ont été emportés. Le corps est dans un état de décomposition avancée.

1.1.11 Victime n° 11 : non identifiée
Assassinée : ?
Découverte : 12 juillet 1997
Vue pour la dernière fois : ?
Scène du crime : champ de cannes à sucre, lot 462

La victime est allongée sur le dos, nue. Ses mains sont attachées dans le dos avec des lanières en toile de jute. Les pieds sont ligotés avec des fragments découpés dans son soutien-gorge. Il fabrique son bâillon élaboré en utilisant des bouts de sa culotte et de son soutien-gorge. Il a pratiqué l'*ukuzoma* pendant qu'il l'étranglait. Les pieds sont ligotés de manière très serrée afin de faciliter l'*ukuzoma*. Ses chaussures sont trouvées à vingt centimètres des pieds. Le tueur l'a probablement frappée pour lui faire perdre conscience, car on note des blessures à la tête. Le reste des vêtements a disparu. Le cadavre est dans un état de décomposition avancée.

1.1.12 Victime n° 12 : non identifiée
Assassinée : ?
Découverte : 24 juillet 1997
Vue pour la dernière fois : ?
Scène du crime : champ de cannes à sucre, lot 461

La victime est allongée sur le dos. Les mains sont ligotées sur le devant avec un morceau de son jupon et attachées à la cuisse gauche. Elle est étranglée avec le même type de tissu. Une boule formée avec des lambeaux de son jupon est enfoncée dans sa bouche. Les pieds sont liés avec un fragment déchiré de sa robe et sa culotte. Elle porte une robe à pois, mais les boutons sur le devant sont défaits. Elle a un clou dans un lobe, ainsi qu'une boucle d'oreille en or avec une pierre bleue en son centre. Le deuxième clou est trouvé sous sa tête, mais l'autre boucle d'oreille a disparu. Ses chaussures ont été emportées. Le corps est en état de décomposition avancée.

1.1.13 Victime n° 13 : Banothile Nompumelelo Dube, 30 ans *
Assassinée : ?
Découverte : 23 juillet 1997
Vue pour la dernière fois : 7 juillet 1997
Scène du crime : champ de cannes à sucre, lot 461

Le corps repose sur le flanc droit. Elle est vêtue d'un tricot sombre. Elle est allongée sur sa robe à fleurs. Sa culotte est arrachée et un fragment est resté collé sur sa fesse droite. Ses fesses sont exposées et les genoux, repliés. Les mains sont attachées sur le devant avec une cordelette et il en est de même pour les pieds. Elle a été étranglée au moyen de cette corde. Il y a une boule formée avec un morceau de jupon enfoncée dans la bouche ; le jupon provient probablement de la victime n° 15. Il a pratiqué l'*ukuzoma* par-derrière, comme dans le cas des précédentes victimes. Des sandales bleues Kembruck ont été trouvées sur place. Une chaîne d'origine muti est fixée à la hanche, avec neuf épingles de sûreté accrochées dessus.

1.1.14 Victime n° 14 : Nokuthula Zothile Cele, 29 ans
Assassinée : ?
Découverte : 24 juillet 1997
Vue pour la dernière fois : 2 juillet 1997
Scène du crime : champ de cannes à sucre, lot 461

Le corps est allongé sur le dos. Elle porte uniquement son soutien-gorge. Sa culotte est arrachée et se situe à hauteur de la cheville droite. Elle repose sur sa blouse rose et son jupon. Ses sandales sont retrouvées sur la scène du crime. Elle a été étranglée et bâillonnée avec des lanières découpées dans un jupon qui ne lui appartenait pas. Ses mains ne sont pas attachées, mais les pieds le sont avec un tissu identique à

* Note de l'auteur : L'ordre de découverte des victimes 12 et 13 semble avoir été inversé. Selon le profil, la victime 12 est trouvée le 24 juillet et la 13, le 23 juillet. Malgré cette erreur, d'ordre ou de date, nous avons tenu à respecter la chronologie indiquée par Micki Pistorius et Elmarie Myburgh.

celui qui lui sert de bâillon. Le cadavre est dans un état de décomposition avancée.

1.1.15 Victime n° 15 : non identifiée
Assassinée : ?
Découverte : 24 juillet 1997
Vue pour la dernière fois : ?
Scène du crime : champ de cannes à sucre, lot 434

La victime est vêtue d'une robe bleue et blanche, d'un blouson à rayures bleues et blanches et d'un jupon ; elle est face contre terre. Les pieds sont attachés avec des lanières provenant d'un soutien-gorge et d'un tissu à motifs floraux qui correspondent à ceux de la victime précédente – n° 14. Les jambes sont coincées entre deux pieds de cannes à sucre. Les mains sont liées au-dessus de la tête, sur le devant, avec du tissu à motifs floraux – appartenant à la victime n° 14 – et des lanières d'un soutien-gorge. Elle est bâillonnée avec le même matériau qui entoure son cou et se termine par un nœud au sommet du crâne. Il n'y a pas de boule enfoncée dans la bouche. Les fesses sont soulevées, mais recouvertes par la jupe. Une petite culotte supplémentaire, découpée, se trouve près du corps. Ses chaussures sont présentes sur les lieux. Un fragment de la culotte est découvert dans le champ de cannes à sucre. Près du cadavre, on remarque une bouteille en plastique, un sac en plastique bleu qui contient une serviette, un chapelet, un porte-monnaie et un journal. Il a soulevé la chemise pour découper le soutien-gorge. Une culotte noire et un mouchoir se trouvent dans la poche gauche de son blouson. Une autre culotte, sale, pourrait appartenir à la victime. Il semble que ces deux culottes soient à elle. Le cadavre est dans un état de décomposition avancée.

1.1.16 Victime n° 16 : non identifiée
Assassinée : ?
Découverte : 24 juillet 1997

Vue pour la dernière fois : ?
Scène du crime : champ de cannes à sucre, lot 434

Le corps est allongé sur le flanc droit. Sa robe bleue est remontée, exposant ses seins, et elle repose sur son soutien-gorge. Elle est vêtue de son jupon, mais il a été manipulé. Sa chemise rouge se situe sur la partie inférieure de son torse, elle est déboutonnée et tirée vers le côté droit. Une jupe mauve se trouve près de la tête. Les mains ne sont pas attachées. Les pieds sont ligotés avec un morceau de culotte et un fragment de foulard. Un autre lambeau du foulard a aussi été utilisé pour l'étrangler. Pas de bâillon. Le foulard couvre également sa figure. Un béret noir se situe près de son visage et son sac à main est posé sur son visage. Le sac est vidé de son contenu. Une bouteille et un collier vert, jaune et blanc sont trouvés sur place. Elle porte une boucle d'oreille. Un sac en plastique jaune, un autre transparent et un troisième de couleur bleue sont présents, ainsi qu'un mégot de cigarette, un coussinet d'épaule provenant de la chemise rouge, un collier d'origine muti, des lanières de culotte et un tissu blanc qui pourrait être taché de sperme. Des cannes à sucre mâchées sont trouvées sur les lieux. Du sang s'écoule du vagin et l'anus est exposé, mais recouvert par la robe qu'elle porte par-dessus. Le cadavre est boursouflé.

1.1.17 Victime n° 17 : Staff Phumzile Gumede, 21 ans
Assassinée : ?
Découverte : 23 juillet 1997
Vue pour la dernière fois : 16 juillet 1997
Scène du crime : champ de cannes à sucre, lot 434

La victime est face contre terre. Elle porte un corsage rose sans manches et une jupe grise à ceinture noire. Une culotte pêche est posée sur sa tête. Son soutien-gorge beige est intact. Ses sandales sont sur place. Un sac noir repose près de son cou. Elle est identifiée grâce au contenu de ce sac à main. Les mains sont attachées dans le dos avec des lanières d'un jupon. Elle a aussi été étranglée et bâillonnée avec ces mêmes lanières de jupon, et une boule de ce tissu a été enfoncée dans sa bouche. D'autres fragments se trouvent près de la victime. Les pieds ne sont pas ligotés. Un petit miroir a été cassé sur son crâne et des morceaux se situent près de son visage. Deux petites boules de tissu/papier toilette sont derrière elle et deux autres se trouvent près du miroir. Il semblerait qu'elle ait été éborgnée. Le cadavre repose depuis environ sept jours.

1.1.18 Victime n° 18 : non identifiée
Assassinée : 20-21 juillet 1997
Découverte : 24 juillet 1997
Vue pour la dernière fois : ?
Scène du crime : champ de cannes à sucre, lot 434

La victime repose sur le flanc droit, avec les genoux repliés. Elle porte uniquement son jupon. Les mains sont attachées sur le devant avec un morceau de foulard noir. Les pieds sont aussi ligotés avec un matériau identique. Les pieds et les mains ont ensuite été liés ensemble. Une culotte bleue est posée sur le corps. Elle a été étranglée avec un fragment de son soutien-gorge noir. Il a formé une petite boule avec le bonnet de son soutien-gorge, mais il ne l'a pas mise en place dans la bouche. Le reste du foulard et sa combinaison rouge se trouvent près du cadavre. Un tissu facial avec du liquide brillant est découvert sur les lieux. Le corps est sur place depuis deux jours.

1.2 VICTIMOLOGIE

Les victimes du cas 1 sont deux petites filles noires âgées de 12 ans. L'une d'elles a pu s'échapper. La victime n° 9 a environ 16 ans. Les autres sont des femmes noires dont l'âge varie entre 20 et 30 ans. Il semble qu'un certain nombre d'entre elles partaient dans l'idée de couper des cannes à sucre quand elles ont fait l'objet d'une approche de la part du suspect. Certains témoignages indiquent que le suspect leur a proposé du travail.

PROFILS INDIVIDUELS

CAS 1 : PHOENIX CAS 713/06/94 — (PM 1062/94)

Nom : Gabisile Buthelezi
Age : 12 ans
Vue pour la dernière fois : 23 juin 1994
Date du décès : 23 juin 1994
Découverte du corps : 23 juin 1994
Scène du crime : Cornubia Estates ; champ de cannes à sucre, lot 271
Position du corps : Face contre terre ; Mains attachées dans le dos : main gauche par-dessus main droite, avec cordelette ; Pieds ligotés à hauteur des chevilles avec morceau de tissu arraché à sa robe ; Jambes serrées l'une contre l'autre ; Foulard et cordelette autour du cou
Cause du décès : Strangulation
Voie de fait : Néant
Vêtements : Vêtue d'un chandail ; Un jersey noir aux pieds ; Jupe déchirée en morceaux pour attacher les pieds ; Petite culotte jetée dans le champ de cannes à sucre
Objets manquants :
Rapport médico-légal : Violée
Autres :

CAS 2 : PHOENIX CAS 52/08/95 — (PM 1115/95)

Nom : Inconnu
Age : Environ 25 ans
Vue pour la dernière fois : ?
Date du décès : 30 juillet 1995 (samedi)
Découverte du corps : 2 août 1995
Scène du crime : Cornubia Estates ; champ de cannes à sucre, lot 431
Position du corps : Accroupie sur les genoux, face contre terre ; Pieds et mains non attachés

Cause du décès : Blessure à la tête
Voie de fait : Cinq blessures au front, crâne fracturé
Vêtements : Nue, à l'exception de sa petite culotte
Objets manquants : Vêtements, bijoux, chaussures, papiers d'identité
Rapport médico-légal : Nombreux hématomes sur les structures cervicales
Autres : Morceau de tissu/papier toilette entre les jambes

CAS 3 : PHOENIX CAS 680/08/95 — (PM 1228/95)

Nom : Inconnu
Age : Environ 25-30 ans
Vue pour la dernière fois : ?
Date du décès : 19-20 août 1995 (samedi-dimanche)
Découverte du corps : 21 août 1995, à environ 9 heures du matin
Scène du crime : Cornubia Estates; champ de cannes à sucre non brûlé, lot 241
Position du corps : Allongée face contre terre sur un carton; Du carton et des feuilles desséchées de cannes à sucre sur le corps; Seule la tête est visible; Main droite près du visage, main gauche sous hanche gauche
Cause du décès : Strangulation manuelle
Voie de fait : Coup sur tempe droite; Lacération sur côté droit de l'estomac
Vêtements : Corps nu; Robe présente sur scène du crime; Chaussures, tee-shirt et soutien-gorge trouvés près du corps
Objets manquants : Petite culotte, bijoux, papiers d'identité
Rapport médico-légal : Vaisseaux sanguins du cerveau congestionnés; Flaccidité post-mortem secondaire
Autres : « Regrets » du suspect exprimés par la présence de carton et de feuilles sur le corps

CAS 4 : PHOENIX CAS 622/02/97 — (PM 203/97)

Nom : Inconnu
Age : Inconnu
Vue pour la dernière fois : ?
Date du décès : ?
Découverte du corps : 17 février 1997, à environ 9 h 30 du matin
Scène du crime : Cornubia Estates; champ de cannes à sucre, lot 301
Position du corps : Face contre terre; Mains et pieds liés avec épais tissu vert

Cause du décès : Inconnue
Voie de fait : Inconnue
Vêtements : Vêtue d'une robe noire et blanche
Objets manquants : Chaussures, bijoux, papiers d'identité
Rapport médico-légal : Etat de décomposition avancée
Autres :

CAS 5 : PHOENIX CAS 1038/04/97 — (PM 556/97)

Nom : Inconnu
Age : Environ 25 ans
Vue pour la dernière fois : ?
Date du décès : ?
Découverte du corps : 30 avril 1997
Scène du crime : Cornubia Estates ; champ de cannes à sucre, lot 431
Position du corps : Allongée sur flanc droit ; Mains et pieds non attachés
Cause du décès : Strangulation
Voie de fait : Inconnue
Vêtements : Porte un soutien-gorge rose et chemisier blanc tricoté ; Petite culotte déchirée autour du cou
Objets manquants : Robe, pantalon, chaussures, bijoux, papiers d'identité
Rapport médico-légal : Premiers stades de décomposition
Autres :

CAS 6 : PHOENIX CAS 870/05/97 — (PM 687/97)

Nom : Inconnu
Age : Inconnu
Vue pour la dernière fois : ?
Date du décès : ?
Découverte du corps : 27 mai 1997, vers 16 h 30
Scène du crime : Cornubia Estates ; champ de cannes à sucre non brûlé, lot 673
Position du corps : Mains attachées sur le devant avec du tissu ; Bâillon autour de la bouche et du cou
Cause du décès : Strangulation
Voie de fait : Inconnue
Vêtements : Porte petite culotte ; Robe, chaussures, sac à main, jersey et blouson trouvés sur place

Objets manquants : Contenu du sac à main, bijoux, papiers d'identité
Rapport médico-légal : Etat squelettique
Autres :

CAS 7 : PHOENIX CAS 104/06/97 — (PM 729/97)

Nom : Inconnu
Age : Inconnu
Vue pour la dernière fois : ?
Date du décès : ?
Découverte du corps : 4 juin 1997, vers 10 heures du matin
Scène du crime : Cornubia Estates ; champ de cannes à sucre brûlé, lot 243
Position du corps : Probablement face contre terre ; Mains probablement attachées dans le dos ; Peu d'os recueillis à cause de la destruction par le feu
Cause du décès : Inconnue
Voie de fait : Inconnue
Vêtements : Chaussures blanches, partiellement brûlées
Objets manquants : Vêtements, bijoux, papiers d'identité
Rapport médico-légal : Pas de fractures visibles du crâne
Autres : Corps gravement brûlé

CAS 8 : PHOENIX CAS 275/06/97 — (PM 755/97)

Nom : Inconnu
Age : Inconnu
Vue pour la dernière fois : ?
Date du décès : ?
Découverte du corps : 9 juin 1997, vers 8 h 30 du matin
Scène du crime : Cornubia Estates ; champs de cannes à sucre brûlé, lot 673
Position du corps : Face contre terre ; Mains attachées dans le dos ; Bâillon autour de la bouche et du cou ; Corps coincé entre deux pieds de cannes à sucre
Cause du décès : Strangulation
Voie de fait : Inconnue
Vêtements : Manche de jersey/chemise sur bras droit
Objets manquants : Chaussures, bijoux, papiers d'identité
Rapport médico-légal : Néant
Autres : Corps en état de décomposition avancée et gravement brûlé

CAS 9 : PHOENIX CAS 605/06/97 — (PM 811/97)

Nom : Inconnu
Age : Environ 16 ans
Vue pour la dernière fois : ?
Date du décès : ?
Découverte du corps : 18 juin 1997, vers 9 heures du matin
Scène du crime : Cornubia Estates ; champ de cannes à sucre brûlé, lot 671
Position du corps : Face contre terre ; Mains liées dans le dos : la gauche au-dessus de la droite avec de la toile blanche ; Pieds ligotés à hauteur des chevilles : le gauche au-dessus du droit avec de la toile blanche ; Bâillon autour de la bouche et du cou, fabriqué à partir du tee-shirt et du soutien-gorge ; Boule formée avec sous-vêtements (petite culotte ?) enfoncée dans la bouche
Cause du décès : Strangulation
Voie de fait : Inconnue
Vêtements : Porte robe et sandales ; Jersey blanc trouvé sur place ; tee-shirt rouge près du cadavre
Objets manquants : Bijoux, papiers d'identité
Rapport médico-légal : Corps en état de décomposition avancée
Autres :

CAS 10 : PHOENIX CAS 647/06/97 — (PM 820/97)

Nom : Theressa Mfeka
Age : 24 ans
Vue pour la dernière fois : 14 avril 1997 (lundi)
Date du décès : 14 avril 1997
Découverte du corps : 20 juin 1997, vers 9 h 30 du matin
Scène du crime : Cornubia Estates ; champ de cannes à sucre brûlé, lot 671
Position du corps : Face contre terre ; Mains liées dans le dos : la droite au-dessus de la gauche avec des fragments de jupon ; Pieds attachés à hauteur des chevilles avec jupon ; Jambes étroitement serrées ; Bâillon autour de la bouche et du cou, fabriqué avec jupon ; Corps enfoncé entre deux pieds de cannes à sucre
Cause du décès : Strangulation
Voie de fait : Néant
Vêtements : Porte petite culotte
Objets manquants : Vêtements, soutien-gorge, chaussures, bijoux, papiers d'identité

Rapport médico-légal : Cadavre en état de décomposition avancée
Autres :

CAS 11 : PHOENIX CAS 446/07/97 — (PM 969/97)

Nom : Inconnu
Age : Environ 25 ans
Vue pour la dernière fois : ?
Date du décès : ?
Découverte du corps : 12 juillet 1997
Scène du crime : Cornubia Estates ; champ de cannes à sucre non brûlé, lot 462
Position du corps : Face contre terre ; Mains ligotées dans le dos : la droite au-dessus de la gauche avec lanières en toile de jute ; Pieds attachés à hauteur des chevilles avec soutien-gorge ; Jambes étroitement serrées l'une contre l'autre ; Bâillon fabriqué avec petite culotte autour de la bouche et du cou ; Boule formée avec tissu de petite culotte enfoncée dans la bouche
Cause du décès : Strangulation
Voie de fait : Coup à la tête
Vêtements : Nue ; Chaussures vertes – marque Gina Lombardi – placées à environ 20 cm du corps ; Fragments de petite culotte bleue près du corps
Objets manquants : Vêtements, bijoux, papiers d'identité
Rapport médico-légal : Intestins totalement décomposés
Autres : Vernis à ongle rose, pieds attachés – nœud sur le devant

CAS 12 : PHOENIX CAS 715/07/97 — (PM 1030/97)

Nom : Inconnu
Age : Inconnu
Vue pour la dernière fois : ?
Date du décès : ?
Découverte du corps : 24 juillet 1997
Scène du crime : Cornubia Estates ; champ de cannes à sucre non brûlé, lot 461
Position du corps : Allongée sur le dos ; Mains attachées sur le devant et reliées à la cuisse gauche avec jupon ; Étranglée avec jupon ; Boule de tissu, probablement jupon, dans la bouche ; Pieds ligotés avec lanières de robe à pois
Cause du décès : Strangulation

Voie de fait :
Vêtements : Robe à pois, déboutonnée sur le devant; Boucles d'oreilles : oreille droite, un clou et une boucle en or avec pierre bleue, l'autre clou trouvé sous la tête
Objets manquants : Chaussures, papiers d'identité, bonnets de soutien-gorge
Rapport médico-légal : Etat de décomposition
Autres : Lanières de soutien-gorge découpées près du cadavre

CAS 13 : PHOENIX CAS 687/07/97 — (PM 1020/97)

Nom : Banothile Nompumelelo Dube
Age : 30 ans
Vue pour la dernière fois : 7 juillet 1997
Date du décès : ?
Découverte du corps : 23 juillet 1997
Scène du crime : Cornubia Estates; champ de cannes à sucre non brûlé, lot 461
Position du corps : Repose sur flanc droit sur robe à fleurs, avec genoux repliés; Fesses exposées; Mains ligotées sur le devant avec corde en toile de jute; Pieds attachés avec même matériau; Bâillonnée avec fragment de jupon, probablement de la victime n° 15; Étranglée avec même corde
Cause du décès : Strangulation
Voie de fait :
Vêtements : Porte tricot sombre; Morceaux d'un bonnet de soutien-gorge beige sur place; Bâillon formé avec jupon de victime n° 15; Sandales bleues Kembruck sur place; Robe bleue à motifs floraux trouvée sous le corps
Objets manquants : Bijoux, papiers d'identité, morceau de petite culotte
Rapport médico-légal : Etat de décomposition
Autres : Chaîne d'origine muti fixée à la hanche, avec neuf épingles de sûreté

CAS 14 : PHOENIX CAS 716/07/97 — (PM 1029/97)

Nom : Nokuthula Zothile Cele
Age : 29 ans
Vue pour la dernière fois : 2 juillet 1997
Date du décès : ?
Découverte du corps : 24 juillet 1997

Scène du crime : Cornubia Estates; champ de cannes à sucre non brûlé, lot 461

Position du corps : Allongée sur le dos; Mains non liées; Pieds attachés avec jupon, mais le nœud s'est défait; Bâillonnée avec jupon qui ne lui appartient pas; Étranglée avec jupon qui ne lui appartient pas

Cause du décès : Strangulation

Voie de fait :

Vêtements : Porte uniquement un soutien-gorge; Petite culotte déchirée, mais sur cheville droite; Sandales sur place – modèle « Sports club »; Étendue sur blouse rose et jupon; Élastique de ceinture de robe à motifs floraux coupé et trouvé sur place

Objets manquants : Bijoux, papiers d'identité

Rapport médico-légal : Etat de décomposition

Autres : Tissu à rayures roses, tissu rose et sac en plastique jaune découverts sur le chemin qui mène à la scène du crime

CAS 15 : PHOENIX CAS 717/07/97 — (PM 1027/97)

Nom : Inconnu

Age : Inconnu

Vue pour la dernière fois : ?

Date du décès : ?

Découverte du corps : 24 juillet 1997

Scène du crime : Cornubia Estates; champ de cannes à sucre non brûlé, lot 434

Position du corps : Face contre terre; Fesses relevées mais couvertes par robe; Jambes coincées entre deux pieds de cannes à sucre; Pieds et mains liés avec lanières de soutien-gorge et tissu fleuri de la victime n° 14; Bâillon formé avec tissu fleuri et lanières de soutien-gorge, se termine par nœud au sommet du crâne – pas de boule dans la bouche; Étranglée avec même matériau que le bâillon

Cause du décès : Strangulation

Voie de fait :

Vêtements : Porte robe bleue et blanche, un blouson à rayures verticales bleues et blanches, ainsi qu'un jupon; Robe ouverte sur le devant; Bracelet en cuir au poignet; Soutien-gorge découpé sur le devant; Sandales vertes et noires « Hawaii » sur place

Objets manquants : Papiers d'identité

Rapport médico-légal : Etat de décomposition

Autres : Petite bouteille, journal, papier avec numéro de téléphone, sac en plastique bleu découverts sur la scène de crime; Tissu facial, porte-monnaie et chapelet dans sac en plastique; Culotte de rechange et élastique de petite culotte trouvés sur place; Culotte noire et mouchoir blanc découverts dans poche de victime (elle avait deux culottes)

CAS 16 : PHOENIX CAS 718/07/97 — (PM 1028/97)

Nom : Inconnu
Age : Inconnu
Vue pour la dernière fois : ?
Date du décès : ?
Découverte du corps : 24 juillet 1997
Scène du crime : Cornubia Estates; champ de cannes à sucre non brûlé, lot 434
Position du corps : Repose sur le flanc droit; Robe bleue remontée pour exposer les seins; Allongée sur son soutien-gorge; Mains détachées; Pieds liés à hauteur des chevilles avec lanières de culotte et foulard; Étranglée avec morceau de foulard; Un fragment du foulard et le sac à main couvrent le visage; Aucun bâillon ni boule dans la bouche
Cause du décès : Strangulation
Voie de fait : Écoulement sanguin du vagin
Vêtements : Porte robe bleue avec ceinture et jupon; Chemise rouge déboutonnée, mais sur la hanche gauche; Jupe mauve près de la tête; Béret noir près du visage ; Porte une boucle d'oreille
Objets manquants : Papiers d'identité, une boucle d'oreille
Rapport médico-légal : Cadavre boursouflé
Autres : Petite bouteille, un sac en plastique bleu et un jaune trouvés sur place; Un mégot de cigarette, des cannes à sucre mâchées et du tissu blanc découverts sur les lieux; Du tissu facial, un porte-monnaie et un chapelet dans sac en plastique sont sur place; Un sac en plastique transparent, un collier d'origine muti, un coussinet d'épaule provenant de la chemise rouge et des lanières d'une culotte sont trouvés près du cadavre

CAS 17 : PHOENIX CAS 688/07/97 — (PM 1021/97)

Nom : Staff Phumzile Gumede
Age : 21 ans
Vue pour la dernière fois : ?
Date du décès : ?
Découverte du corps : 23 juillet 1997
Scène du crime : Cornubia Estates; champ de cannes à sucre non brûlé, lot 434

Position du corps : Face contre terre ; Entièrement habillée ; Mains attachées avec lanières de jupon blanc ; Boule pliée avec soin à partir de fragments du jupon et placée dans bouche ; Bâillonnée et étranglée avec ourlet du jupon ; Pieds détachés

Cause du décès : Strangulation

Voie de fait : Œil endommagé

Vêtements : Corsage rose sans manches et jupe beige ; Soutien-gorge beige intact sur corps ; Ceinture en cuir sur jupe ; Sandales trouvées sur place

Objets manquants : Papiers d'identité

Rapport médico-légal :

Autres : Petit miroir brisé sur la tête ; Deux petites boules de tissu/papier toilette près du miroir ; Deux lanières de papier toilette sous le corps ; Deux lanières de jupon sous le corps

CAS 18 : PHOENIX CAS 719/07/97 — (PM 1026/97)

Nom : Inconnu

Age : Inconnu

Vue pour la dernière fois : ?

Date du décès : 20-21 juillet 1997

Découverte du corps : 24 juillet 1997

Scène du crime : Cornubia Estates ; champ de cannes à sucre non brûlé, lot 434

Position du corps : Repose sur le flanc droit, avec les genoux repliés ; Porte uniquement un jupon ; Mains liées avec lanières d'un foulard noir ; Pieds ligotés avec un matériau identique ; Pieds et mains sont reliés entre eux avec ce même tissu ; Étranglée avec fragment de soutien-gorge noir ; Culotte bleue posée sur le corps

Cause du décès : Strangulation

Voie de fait :

Vêtements : Porte uniquement jupon ; Sandales rouges près du cadavre

Objets manquants : Vêtements, papiers d'identité

Rapport médico-légal :

Autres : Petite boule formée avec le bonnet de soutien-gorge trouvée sur place, mais pas dans la bouche ; Tissu facial bleu près des fesses ; Les morceaux restants du foulard et du soutien-gorge noir sont découverts sur la scène du crime

1.3 INFORMATIONS MÉDICO-LÉGALES

1.3.1 CAUSE DU DÉCÈS

Dans la plupart des cas, la cause du décès est la strangulation par ligature, par l'utilisation des sous-vêtements, d'une corde ou d'un vêtement. La victime n° 2 est morte suite à une blessure à la tête. La victime n° 3 a été étranglée à mains nues. Certains des corps ont brûlé et il a été impossible de déterminer la cause du décès.

1.3.2 BLESSURES

Les rapports d'autopsie indiquent des blessures à la tête dans la plupart des cas. La victime n° 3 a une coupure qui va de l'estomac jusqu'au dos. Cela est probablement la conséquence de la découpe des vêtements par le suspect. Il semble que la victime n° 17 ait été blessée à l'œil.

1.3.3 ACTES SEXUELS ANTE/POST-MORTEM

Les victimes du premier cas ont été violées vaginalement. Dans les autres cas, il semble que le suspect ait pratiqué l'*ukuzoma*, une coutume zouloue où la pénétration s'effectue entre les cuisses. Une pratique faite pour préserver les vierges, éviter la grossesse et les maladies sexuellement transmissibles. Le suspect préfère l'*ukuzoma* par-derrière. Il ligote les jambes de façon si serrée que les cuisses se touchent. Il veut prévenir toute maladie et probablement éviter de laisser du sperme dans le vagin, où il sait que l'on peut effectuer des prélèvements.

1.3.4 RAPPORTS D'AUTOPSIE

La plupart des rapports d'autopsie indiquent que les corps sont en état de décomposition ou ont été brûlés.

Aucun ADN n'est disponible pour le moment.

1.4 RAPPORTS PRÉLIMINAIRES

1.4.1 BACKGROUND

Tous les corps ont été retrouvés sur Cornubia Estates, qui est le nom d'une plantation de cannes à sucre de Hullets Tongaat. Cette plantation s'étend sur 1 200 hectares de champs cultivés. Elle est encadrée par le *township* noir de KwaMashu, les banlieues à prédominance indienne de Phoenix et Avoca Hills, ainsi que la cité de Glen Anil où les Blancs se sont installés. Les routes qui entourent la plantation sont la N2, la R102 et l'autoroute de KwaMashu.

La plantation est divisée en champs. Il y a plusieurs tranchées coupe-feu et des chemins de terre. Les piétons utilisent ces sentiers pour passer d'un quartier à l'autre. La plantation s'étend sur plusieurs collines et on note un barrage, ainsi que quelques constructions sur l'un des côtés.

1.4.2 DÉCOUVERTE DES CORPS

La victime n° 1 a été trouvée grâce à la fillette qui a survécu. Les victimes n° 2 à 11 ont été découvertes par des coupeurs et des voleurs de cannes à sucre. Les victimes n° 12 à 18 ont été retrouvées grâce à l'utilisation de chiens policiers, les 23 et 24 juillet 1997.

1.4.3 LES SCÈNES DE CRIME

La plupart du temps, les victimes ont été retrouvées à quinze ou vingt pas à l'intérieur des champs de cannes à sucre arrivés à maturité. Un pied de canne à sucre mesure environ 2,2 mètres de hauteur. Personne n'a pu assister aux différents meurtres.

1.4.4 PÉRIODICITÉ DES CRIMES

	ASSASSINÉE	VUE POUR LA DERNIÈRE FOIS
1	23/06/94 (jeudi)	23/06/94 (jeudi)
2	30/07/95 (samedi)	30/07/95 (samedi)
3	19/08/95 (samedi)	?
4	Début 1997 (janvier ?)	?
5	Début 1997 (avril ?)	?
6	Mi-1997 (mai ?)	?
7	Mi-1997 (mai ?)	?
8	Mi-1997 (mai ?)	?
9	Mi-1997 (mai ?)	?
10	14/04/97 (lundi)	14/04/97 (lundi)
11	Mi-1997 (juin ?)	?
12	Mi-1997	?
13	Mi-1997	?
14	02/07/97	?
15	Mi-1997	?
16	Mi-1997	?
17	16/07/97	?
18	24/07/97	?

Comme fort peu de corps ont pu être identifiés, il est difficile d'établir un schéma. Des entomologistes ont collecté des insectes sur les dernières victimes pour tenter de dater les décès.

Quatorze victimes ont été assassinées lors des six premiers mois de 1997 et le tueur est probablement actif depuis 1994. Des dossiers sur des cas similaires dans la région sont à l'étude, au moment où ce profil est en cours d'élaboration.

Les meurtres sont très certainement commis pendant la journée. Les champs de cannes à sucre sont infestés de serpents mambas, de rats et d'insectes venimeux qui les rendent particulièrement dangereux la nuit. Les femmes évitent de les traverser la nuit et les voleurs de cannes à sucre opèrent pendant la journée.

1.5 ANALYSE STATISTIQUE

1.5.1 RACE

Toutes les victimes sont des femmes de race noire.

1.5.2 ÂGE

10 à 20 ans : n° 1 et 9
20 à 25 ans : la plupart des victimes
25 à 30 ans : n° 13 et 14

1.5.3 CAUSE DU DÉCÈS

Blessure à la tête : n° 2
Strangulation manuelle : n° 3
Strangulation par ligature : les seize autres

1.5.4 ARME DU CRIME

Un instrument contondant tel qu'une pierre pour les assommer.

Des vêtements ou une corde pour les étrangler.

Un couteau pour découper les habits.

1.5.5 VIOL

La victime n° 1 a été violée vaginalement.

Il semble qu'il ait pratiqué l'*ukuzoma* sur toutes les autres.

1.5.6 VOIES DE FAIT

La plupart des victimes présentent des blessures à la tête/crâne.

La victime n° 3 a une coupure qui part du côté droit de l'estomac jusque dans le dos.

La victime n° 17 a l'œil endommagé.

1.5.7 POSITION DU CORPS

Face contre terre : n° 1, 3, 4, 7, 8, 9, 10, 11, 15, 17
Sur le dos : n° 6, 12, 14
Sur le flanc droit : n° 5, 13, 16, 18
Agenouillée : n° 2

1.5.8 VÊTEMENTS

Entièrement habillée : n° 1, 4, 6, 9, 12, 15, 17
Nue : n° 3, 7, 11
Seulement culotte : n° 2, 10
Seulement soutien-gorge : n° 14
Seulement jupon : n° 18
Partie inférieure exposée : n° 5, 13, 16
Partie supérieure exposée : n° 18
Chaussures présentes : n° 3, 7, 15, 17, 18
Chaussures aux pieds : n° 6, 9
Chaussures absentes : n° 2, 4, 5, 8, 10, 13, 14, 16 (n° 1 était pieds nus)
Vêtements sur place : n° 3, 13, 14 (n° 8 était brûlée, mais une manche est sur un bras)

1.5.9 BONDAGE

Aucun *bondage* : n° 2, 3, 5
Uniquement mains liées : n° 6, 7, 8, 10, 17
Uniquement pieds liés : n° 14, 16
Pieds et mains liés : n° 1, 4, 9, 11, 12, 13, 15, 18 (mains liées aux pieds)
Bâillon : n° 6, 8, 9, 10, 11, 12, 13, 17

2. PROCESSUS DE DÉCISION

2.1 TYPE DE CRIME ET STYLE

Serial killer : organisé ; soif de pouvoir et motivation sexuelle.

2.2 INTENTION PREMIÈRE

Le pouvoir.

2.3 RISQUE DES VICTIMES

Élevé : les victimes prennent un risque élevé en traversant seules les champs de cannes à sucre. Les victimes sont crédules et peuvent être aisément dupées par des propositions d'emploi.

2.4 RISQUE DU SUSPECT

Faible : un homme noir qui bavarde ou se promène avec des femmes noires n'est pas considéré comme suspect. Les champs de cannes à sucre sont relativement déserts et la hauteur des pieds fournit une excellente couverture. Le suspect maîtrise rapidement ses victimes par une attaque éclair pour leur faire perdre connaissance. En conséquence, le suspect ne peut être ni entendu ni vu.

2.5 ESCALADE

Il est difficile de se prononcer en l'absence d'une majorité de dates de décès. Mais on remarque une augmentation sensible des assassinats depuis mai 1997.

2.6 FACTEUR TEMPS

Le tueur tue probablement pendant la journée. Ces femmes ne se promèneraient pas toutes seules dans les champs de cannes à sucre, une fois la nuit tombée. Ces champs sont infestés de serpents venimeux, de scorpions et de rats. Le suspect passe beaucoup de temps en compagnie des victimes, lorsqu'ils se promènent à travers les plantations. Le suspect passe environ dix à vingt minutes sur la scène du crime. Son activité de *bondage*, le déshabillage des victimes et la fabrication du bâillon indiquent qu'il passe du temps sur place. Mais une fois que la victime est décédée, il ramasse probablement les vêtements pour quitter rapidement les lieux.

3. ÉVALUATION DU CRIME

3.1 RECONSTITUTION DU CRIME

3.1.1 COMPORTEMENT AVANT LE CRIME

Le tueur sélectionne un certain type de femme, habituellement entre 20 et 30 ans. La victime n'est pas accompagnée d'un homme, mais peut fort bien être escortée par d'autres femmes. Il effectue son approche et commence à lui parler. Il gagne sa confiance, en lui proposant probablement du travail, lui offrant de l'accompagner ou de l'aider à couper des cannes à sucre. Ils se rendent à pied dans la plantation et il continue de bavarder avec elle pour entretenir un climat de confiance.

3.1.2 SÉLECTION DE LA SCÈNE DU CRIME

Une analyse des scènes de crime indique que le tueur choisit des champs où les cannes à sucre sont arrivées à maturité, où les pieds mesurent au moins 2,2 mètres de hauteur. Il y a un chemin ou un sentier coupe-feu qui leur permet d'arriver au champ qu'il a sélectionné par avance. Sur la scène de crime, il y a un talus derrière lui qui lui permet, lorsqu'il quitte le champ, d'avoir une vue d'ensemble des collines.

3.1.3 MODE OPÉRATOIRE PENDANT LE CRIME

Le tueur entraîne par la ruse ou par la force la victime à quinze mètres à l'intérieur du champ de cannes à sucre. Une fois à l'intérieur du champ, il pénètre dans sa zone de confort. Il ramasse une pierre et frappe la victime à la tête. Il lui écrase aussi la tête à plusieurs reprises contre le sol. La victime s'effondre par terre, elle perd connaissance ou est étourdie. Il la déshabille. A cet instant, on peut penser que moins elle porte de vêtements, plus elle se rapproche de la mort. Ensuite, il positionne le corps afin que la partie supérieure ou ses jambes soient emprisonnées entre deux pieds de cannes à sucre. Le suspect retourne la victime face contre terre. Il s'installe à califourchon sur les fesses de la jeune femme et découpe des lanières de vêtements. Il lui ligote les mains dans le dos, avant de se retourner. Il soulève les pieds et les attache, avec le nœud sur le devant. Il laisse retomber les jambes. Les pieds sont liés ensemble de manière très serrée. Avec un morceau du soutien-gorge ou de la culotte, il forme une boule de tissu qu'il enfonce dans la bouche de la victime. Puis il fabrique le bâillon et la ligature, en se servant de matériau glané sur le soutien-gorge ou d'autres habits. Il entoure la bouche de la victime, puis son cou. Le suspect défait son pantalon et pénètre la victime entre les cuisses, pendant qu'il l'étrangle. Ceci vient d'une pratique zouloue, l'*ukuzoma*. Une fois la femme décédée, il ramasse quelques vêtements et fouille son sac à main pour emporter les papiers d'identité, si elle en a sur elle.

3.1.4 COMPORTEMENT APRÈS LE CRIME

Comme toutes les scènes de crime sont très proches les unes des autres, surtout en ce qui concerne les sept dernières, il paraît probable que le suspect visite à nouveau d'anciennes scènes de crime, où il pourrait se masturber. Après chaque meurtre, il se sent soulagé et pourrait s'adonner à la boisson ou se rendre dans un *shebeen*.

Le suspect lit les journaux ou regarde les actualités télévisées pour connaître les progrès de l'enquête. Il peut aussi se lier d'amitié avec un policier pour essayer de lui soutirer des informations.

Il peut garder des fragments découpés des vêtements de ses victimes dans sa poche pour éprouver une excitation sexuelle. Il peut aussi se masturber avec ces mêmes habits et s'entraîner à fabriquer des nœuds à la maison. On peut supposer qu'il prend des morceaux de vêtements d'une victime, pour former une boule qu'il emporte dans sa poche, lorsqu'il va choisir sa victime suivante.

3.2 RECONSTITUTION DE CHAQUE CAS

En gardant à l'esprit le mode opératoire décrit ci-dessus, nous allons à présent nous attacher à discuter des différences entre chacune des scènes de crime. Des arguments seront donnés quant aux raisons de ces divergences. Ces disparités doivent, malgré tout, être considérées comme des variations sur un même thème. Il existe plus de similitudes que de différences. Ces différences peuvent être attribuées à de nombreux facteurs, tels que la résistance de la victime, une envie d'expérimentation, une progression des techniques, des facteurs temps, un dérangement inattendu, etc.

3.2.1 CAS 1

Il y a trois différences majeures dans ce cas précis :

1) deux victimes sont concernées ;
2) elles sont plus jeunes que les autres ;
3) les fillettes ont été violées et il n'y a pas eu d'*ukuzoma*.

Les raisons ? Le tueur marche le long de la route lorsqu'il aperçoit ces deux jeunes filles qui viennent de la direction opposée. Les serial killers réagissent à des pulsions. Il se peut que cette pulsion s'amplifiait depuis un certain temps, peut-être à cause d'une incarcération, et qu'il désirait absolument revivre cette sensation. Il a estimé qu'il lui serait facile de dominer deux petites filles en même temps. C'est leur taille, et non pas leur âge, qui est le facteur important. Il pratique d'habitude l'*ukuzoma*, au lieu d'une pénétration vaginale, pour éviter d'être infecté par des maladies vénériennes. Il a considéré que les fillettes étaient encore vierges, ce qui éliminait toute infection possible et il a donc décidé de les violer vaginalement.

3.2.2 CAS 2

La différence majeure réside dans le fait que la victime n'est pas ligotée et qu'elle est placée dans une posture agenouillée. Il n'y a pas de ligature, mais des signes d'une strangulation manuelle.

Les raisons ? Le rapport d'autopsie indique que la cause du décès est une sévère blessure à la tête. D'habitude, le tueur frappe ses victimes à l'aide d'un objet contondant pour les étourdir ou leur faire perdre connaissance. Dans ce cas précis, il a porté un coup trop violent qui a tué la jeune fille. Il s'est rendu compte qu'elle était morte. Elle est alors devenue un objet qu'il pouvait manipuler à sa guise. Comme elle est décédée, il n'y a plus aucune raison pour qu'il se serve d'une ligature sur son cou. Mais il veut toujours éprouver ce besoin de puissance, en conséquence il place ses mains autour du cou pendant qu'il pratique l'*ukuzoma*, afin de réaliser son fantasme.

3.2.3 CAS 3

Pour ce crime, la divergence principale consiste en ceci que le corps a été recouvert avec un carton et des feuilles. Il n'y a pas de liens, elle est étranglée à mains nues et elle arbore une coupure à l'estomac.

Les raisons ? La couverture par du carton et des feuilles évoque un désir de défaire ses actes criminels. Le suspect s'est senti coupable après avoir tué cette victime. Il se peut qu'il l'ait connue ou qu'il l'ait bien aimée, pendant leur promenade à travers champs.

Le fait qu'elle ne soit pas attachée peut également s'expliquer par le rapport d'autopsie qui mentionne une blessure à la tête. Nous avons déjà évoqué l'hypothèse selon laquelle plus la femme se rapproche de la mort, plus il va retirer des vêtements, car la victime devient un mannequin inanimé à ses yeux.

La blessure à l'estomac peut se comprendre par la découpe des vêtements à l'aide d'un couteau. Le suspect a aussi étranglé la victime à mains nues. Il s'est rendu compte qu'elle était en train de mourir des suites de sa blessure à la tête et il tenait absolument à la tuer lui-même. Il n'avait plus assez de temps pour fabriquer une ligature.

3.2.4 CAS 4

Il n'existe aucun document photographique de cette scène de crime, mais d'après les rapports de police, ce cas correspond au mode opératoire général.

3.2.5 CAS 5

La victime n'est pas ligotée. Il n'existe aucun document photographique de cette scène de crime. Le fait que le corps repose sur le flanc droit peut être attribué à une expérience sexuelle. Dans plusieurs autres cas, les cadavres sont ainsi positionnés, ce qui ne représente donc pas une divergence majeure.

3.2.6 CAS 6

La variation prédominante se situe dans la position du cadavre qui est allongé sur le dos, les mains ligotées sur le devant ; on note la présence d'un bâillon sur la bouche.

Les raisons ? On peut penser qu'il a voulu expérimenter de nouvelles choses. Le reste de la scène de crime correspond au *modus operandi* habituel. Le bâillon est un développement de son fantasme sexuel de puissance et de *bondage*.

3.2.7 CAS 7

La différence essentielle réside dans le fait que le corps se trouve proche du chemin de terre principal. Tout le reste correspond au mode opératoire traditionnel.

Les raisons ? Le suspect estime peut-être qu'il est en train de perdre la confiance de sa victime et il décide alors de l'attaquer plus tôt que prévu. Il prend un risque plus important en la tuant si près de la route, car il aurait pu être dérangé. S'il l'a agressée durant un week-end, il y a beaucoup moins de passage de piétons, car les coupeurs de cannes à sucre ne travaillent pas dans les champs.

3.2.8 CAS 8

Ce cas ne présente pas de divergence majeure avec le mode opératoire général. C'est la première fois qu'il coince le torse de sa victime entre deux pieds de canne à sucre afin de les entraver encore un peu plus. Cela démontre une progression dans sa technique.

3.2.9 CAS 9

Ce cas correspond au mode opératoire général.

3.2.10 CAS 10

Ce cas correspond au mode opératoire général.

3.2.11 CAS 11

Ce cas correspond au mode opératoire général.

3.2.12 CAS 12

La différence prédominante est que la victime est allongée sur le dos, avec les mains attachées sur le devant. Cette scène de crime correspond tout à fait au cas n° 6. Il n'y a pas d'autres variations avec le *modus operandi* traditionnel.

3.2.13 CAS 13

Seule variation : le cadavre repose sur le flanc droit, à l'image du cas n° 5.

3.2.14 CAS 14

Dans ce cas, la différence se situe dans la position allongée sur le dos et le fait qu'elle ne soit pas attachée. Il n'y a pas d'autres variations importantes.

3.2.15 CAS 15

Ce cas correspond au mode opératoire général.

3.2.16 CAS 16

La victime repose sur le flanc droit, les mains ne sont pas

ligotées, mais les pieds le sont. Ceci correspond aux cas n° 5 et 13.

3.2.17 CAS 17

Ce cas correspond au mode opératoire général.

3.2.18 CAS 18

Ce cas correspond au mode opératoire général.

3.3 Serial killer organisé ou désorganisé ?

Le tueur est un serial killer organisé pour les raisons suivantes :

— Les meurtres sont planifiés : les victimes et les lieux des crimes sont sélectionnés avec soin ;
— Le tueur personnalise les victimes : il bavarde avec elles pour gagner leur confiance ;
— Il exige des victimes soumises et utilise des méthodes pour les réduire à sa merci : il les ligote et les bâillonne ;
— La scène de crime reflète son contrôle : il fait très attention à ne pas laisser d'indices derrière lui ;
— Le meurtre est précipité par l'agression : il inflige des blessures à la tête de ses victimes ;
— Les cadavres sont cachés : il les dissimule dans les champs de cannes à sucre ;
— Armes du crime : le tueur se sert des vêtements et des cordes des victimes, qu'elles utilisent pour lier et transporter les cannes à sucre. Il emporte avec lui le couteau qu'il emploie pour découper les habits.

Le tueur est motivé par le pouvoir, même s'il existe aussi un léger élément de désir. Les victimes sont spécifiquement sélectionnées et il ne les connaît pas. Il y a un important facteur de fantasme présent sur les scènes de crime et il y passe beaucoup de temps, surtout lorsqu'il fabrique les bâillons. Cela indique que le meurtre se focalise sur le processus. Tout le processus – choisir la victime, la duper après avoir gagné sa confiance, l'accompagner, la ligoter, puis pratiquer l'*ukuzoma*, tout en l'étranglant – est d'une grande importance à ses yeux.

4. PROFIL DU SERIAL KILLER DE PHOENIX

4.1 CARACTÉRISTIQUES

4.1.1 RACE

C'est un homme noir d'origine zouloue. La plupart des crimes des serial killers sont intra-raciaux. D'après les témoignages recueillis dans les cas n° 1 et 10, il serait zoulou, mais avec un accent qui semble étranger (mozambicain ?).

4.1.2 ÂGE

Il doit avoir entre 30 et 40 ans. Cela fait plusieurs années qu'il est actif, comme le confirment la progression et l'expérience qui se dégagent de ses scènes de crime. Le fait qu'il n'ait pas déplacé ses meurtres vers un autre endroit, même après que la presse eut annoncé que la police le recherchait, témoigne de l'arrogance et de la confiance d'un tueur expérimenté.

4.1.3 STATUT MARITAL

Le suspect est peut-être divorcé. Il n'a pas la capacité d'entretenir une longue relation intime avec une femme. Il préfère probablement vivre sans la présence d'une compagne.

4.1.4 DOMICILE

Il connaît très bien les lieux. C'est un habitant du coin et il vit probablement à KwaMashu. Il a voyagé dans d'autres régions du pays. Il possède un endroit où il peut se raser et changer de vêtements.

4.2 EMPLOI

Le tueur est probablement sans emploi. Il mène très certainement une existence de délinquant. Il présente des tendances psychopathiques, ce qui implique qu'il ne peut pas gagner sa vie de manière honnête. Son statut financier évolue très rapidement.

Il est incapable de rester longtemps chez le même employeur.

4.3 DEGRÉ D'ÉDUCATION

L'homme a suivi des études jusqu'au collège. Il est au minimum d'une intelligence moyenne. Il y a un certain degré d'intelligence criminelle dans ses actes. C'est quelqu'un de rusé.

4.4 VÉHICULE

Rien ne laisse à penser que le tueur utilise un véhicule pour commettre ses crimes. Il est probablement capable de conduire, vu son âge et les voyages qu'il a effectués. S'il possède une voiture, il s'agit probablement d'une automobile qu'il a volée, car il n'a pas assez d'argent pour s'en acheter une.

4.5 APPARENCE

Les témoins des cas 1 et 10 ont donné une description du tueur. Il a les cheveux coupés, avec une barbe de deux jours et une moustache fournie. Il porte des lunettes de soleil à verres teintés. Cela montre qu'il se préoccupe de son apparence physique et qu'il est vaniteux. Il ne présente aucune cicatrice faciale.

Ses habits sont anciens, mais bien entretenus. Un des vêtements est déchiré. Il n'a pas l'apparence d'une personne bien habillée, extrêmement propre, mais il n'est absolument pas négligé. Pour lui, les vêtements ont un aspect pratique. Ce n'est pas un homme de goût, mais quelqu'un de pragmatique.

Il marche le buste droit, la tête haute et garde les mains dans les poches.

Ce n'est pas un maniaque de la propreté qui se baigne tous les soirs. Il se lave probablement une fois tous les deux jours. Il a une légère odeur de transpiration. Ses ongles sont sales, mais il ne les ronge pas.

Il évite de regarder les gens en face et ses yeux fuient ceux de ses interlocuteurs lorsqu'il parle.

4.6 CASIER JUDICIAIRE

Il possède un casier judiciaire. C'est un psychopathe qui ne croit absolument pas aux vertus du travail pour gagner sa vie. Il a probablement fait de la prison pour vol. Vu son âge, il a progressé du simple cambriolage jusqu'à des crimes plus graves, tels que le vol de voitures ou le trafic d'armes.

Il pratique l'*ukuzoma* pour éviter les infections, mais il connaît peut-être également l'ADN et les prélèvements de sperme. Il pourrait donc avoir été condamné pour viol par le passé.

Comme il est agressif, il peut aussi avoir été mis en examen pour des voies de fait.

Son statut financier l'a peut-être incité à l'escroquerie, mais pas du même calibre qu'un délinquant financier expérimenté en col blanc.

4.7 HABITUDES

Très probablement, il fume, boit et joue de l'argent.

4.8 CARACTÈRE ÉMOTIF

Il est agressif et sûr de lui. Il possède une attitude machiste et exige le respect. Il se sert de la violence physique comme réponse à tout problème, son tempérament est colérique.

C'est un individu extrêmement manipulateur, à l'abord amical. Ses amitiés sont uniquement superficielles et elles durent le temps qu'elles lui profitent. Il est rancunier et ne pardonne pas à son prochain.

Il est facilement froissé et il réagit personnellement à toute insulte. Il justifie ses propres actions, sans éprouver le moindre remords. Il ne supporte pas qu'on s'oppose à lui et il se considère comme supérieur aux autres. Il se voit en leader et fait preuve d'une grande arrogance.

Ses propres erreurs ne lui servent pas de leçon, et en ce sens, il ne peut pas être réhabilité. En revanche, ses erreurs lui servent de leçon lorsqu'il s'agit d'améliorer ses crimes.

Il présente une façade de sociabilité, au point que les gens qui n'ont pas eu affaire à lui vont probablement bien l'aimer. Il ne possède aucun ami véritable, seulement des complices dans sa carrière criminelle.

Son complexe de supériorité masque un profond complexe d'infériorité causé par un rejet. C'est quelque chose qu'il ne veut pas – et ne peut pas – reconnaître.

Il s'estime supérieur aux enquêteurs et les provoque avec arrogance. Il n'éprouve aucun respect pour la loi.

C'est un individu qui a un besoin de gratification immédiate : si ses désirs ne sont pas satisfaits sur-le-champ, il connaît des explosions de colère et de frustration.

4.9 ATTITUDE ENVERS LES FEMMES

Le tueur déteste les femmes. Sa haine et son mépris sont profonds. Il les considère comme de simples objets dont on peut se servir avant de s'en débarrasser. A ses yeux, les femmes sont des êtres inférieurs, qui ne méritent aucune attention. Cependant, il les voit comme une proie facile et son attitude est extrêmement charmeuse, jusqu'à ce qu'il ait gagné leur confiance. Ensuite, il devient très agressif et toute sa colère et ses frustrations sont dirigées contre elles. Il n'éprouve aucune sympathie ou pitié à leur égard.

C'est son droit en tant qu'être supérieur de les obliger à une relation sexuelle, ce qu'elles ne peuvent pas lui refuser. Il préfère une relation sexuelle par-derrière, car ainsi il n'a pas besoin de croiser leur regard et de les reconnaître comme des êtres humains. Même s'il a une relation intime et consentante avec une petite amie, il choisit cette position. S'il fait l'amour par-devant, il veut voir la peur dans leurs yeux.

Il a probablement été humilié par une femme dans sa vie d'adulte. Cela aurait pu être une petite amie qu'il désirait épouser, et qui l'a rejeté ou trompé, ce qui a eu pour conséquence de déclencher les meurtres. Il peut donner cette excuse comme raison pour sa haine des femmes et sa volonté de les tuer. Cependant, il nous faut considérer ceci comme un élément déclencheur d'une fixation bien plus profonde qui s'est formée durant son enfance.

4.10 LES ANNÉES D'ENFANCE

4.10.1 DÉVELOPPEMENT PSYCHO-ANALYTIQUE

Le tueur déteste les femmes et il est obsédé par la puissance. Ce sont ses deux caractéristiques majeures. Il a aussi des tendances psychopathiques depuis qu'il est adulte.

Un homme qui hait les femmes à ce point a été rejeté par sa mère, ce qui pourrait entraîner une fixation. Un serial killer a un « Ça » dominant et un ego faible – soit parce que sa mère a trop répondu aux besoins de son « Ça » et son ego ne s'est jamais différencié de celui de sa mère, soit parce qu'elle l'a rejeté durant la phase orale. Si la fixation du tueur s'était déroulée lors de la plus tendre enfance, les scènes de crime auraient été plus désorganisées et nous aurions eu des mutilations des seins. Ceci n'a pas été remarqué sur les scènes de crime. Nous pouvons en déduire qu'il a vécu un développement normal de sa phase orale (de 0 à 2 ans) et que la mère a probablement trop contenté ses désirs pendant qu'il était bébé.

Un homme dont l'ego ne se différencie pas de celui de sa mère va se sentir impuissant vis-à-vis des femmes. Il craint leur pouvoir mystérieux. Il présente une surcompensation en essayant de les dominer et exige d'elles une soumission totale. La fixation du suspect a dû se dérouler pendant une phase plus tardive.

Il est motivé par la puissance. Cela est caractéristique de la phase anale. Il est comme drogué à un sentiment d'omnipotence. Un enfant se sent tout-puissant s'il arrive à dominer sa mère durant la phase anale (de 2 à 4 ans). Sa mère a donc dû se montrer soumise ou trop satisfaire ses moindres désirs pendant cette phase. En conséquence, le suspect a fait une fixation sur la puissance durant cette phase anale. Ceci n'explique cependant pas sa haine pour les femmes qui a été engendrée par un rejet majeur.

Ce rejet par une femme significative – qui peut être une mère ou une mère de substitution – s'est déroulé pendant la phase œdipienne (de 4 à 6 ans), lorsque le garçon tombe subconsciemment amoureux de la mère. Durant cette phase, il a été rejeté par la mère de manière consciente ou subconsciente (exemple : elle est morte ou il a été retiré à sa garde, etc.). Il ne souffre pas d'un complexe de castration – il n'y a pas d'objets insérés dans le vagin des victimes –, mais il craint toute intimité avec les femmes, parce qu'il était si dépendant de sa mère que cela lui a donné le sentiment d'être faible et impuissant.

Il assassine des femmes parce qu'il craint de perdre son ego face à leur puissance. En les tuant, il détient le pouvoir ultime de vie ou de mort, situation qui s'oppose à celle où sa mère possédait ce même pouvoir.

Bien que les victimes incarnent peut-être les femmes adultes qui l'ont rejeté dans sa vie d'adulte, il tue sa mère de manière symbolique et tente par ce moyen de différencier son ego du sien. Ceci est un processus inconscient.

Si nous interprétons le symbolisme de ses scènes de crime, nous découvrons :

a) qu'il attache les mains et les pieds : il empêche les femmes de le toucher car ce contact est trop intime et il craint l'intimité ;

b) qu'il les bâillonne : il évite qu'elles lui parlent et qu'elles le rabaissent, tout en exigeant une soumission totale. Ce ne sont plus que des objets qui restent muets ;

c) qu'il les met face contre terre : elles n'ont pas le droit de le regarder parce qu'il a peur d'elles et il ne veut pas les reconnaître en tant qu'êtres humains ;

d) qu'il découpe leurs sous-vêtements : la lingerie féminine représente leur mysticisme, c'est fin et doux.

Le père du tueur est physiquement ou émotionnellement absent durant son enfance. Il n'est pas devenu sociable, pas plus qu'il n'acquiert de valeurs éthiques ou sociales pendant les années de latence (de 6 à 12 ans), ce qui lui permet de traiter ses victimes comme des objets. La discipline de son père est inconsistante. Il a eu une relation mauvaise, voire inexistante, avec son père et pas de substitut du père. Les rapports entre ses deux parents ne devaient pas être très bons. Le père pourrait aussi avoir été un criminel.

Il peut être fils unique comme il peut avoir eu de très nombreux frères.

4.10.2 PRÉDICTION DES ANNÉES D'ENFANCE

Le tueur a probablement grandi dans une zone rurale du KwaZulu-Natal et il a connu la violence, peut-être des luttes entre factions. Enfant, il s'est bagarré, il a souvent menti, volé et détruit de nombreux biens. Il a probablement fugué avant l'âge de 15 ans. Il n'a jamais eu d'amis proches pendant ses années d'école et il considère l'amitié comme une faiblesse.

4.11 FANTASMES SEXUELS

Le tueur est motivé par la puissance : il utilise le *bondage*. Il désire une partenaire complètement soumise qu'il peut totalement dominer. Cette partenaire devient un objet qui n'a plus aucune identité. Il ne lui parlera même pas pendant qu'il lui fait l'amour, car elle n'est plus humaine à ses yeux.

Son fantasme a évolué. Il se concrétise sur la scène de crime, mais la réalité n'est jamais parfaite. Nous allons montrer les scènes de crime où la réalité lui a fait faux bond et comment il l'a rectifiée.

Choisir une victime et la convaincre de l'accompagner fait partie de son fantasme. Pendant qu'il bavarde avec elle, il anticipe la manière dont il va la tuer. Il remarque ses vêtements et se voit déjà en train de les utiliser pour la ligoter, pendant qu'il marche à ses côtés. Il savoure ce moment tout en se promenant avec sa victime. L'envie augmente au fur et à mesure en lui. Lorsqu'il atteint l'endroit où il se sent en sécurité, il pénètre à l'intérieur du champ de cannes à sucre. Il va l'attirer par ruse ou par force, ou en la menaçant avec son couteau.

Quand il entre dans le champ, les feuilles de cannes à sucre bruissent fortement à ses oreilles et bloquent tous les autres sons, y compris la voix de la victime. Ses actes deviennent automatiques et ressemblent à ceux d'un animal. Il frappe violemment la femme à la tête avec une pierre pour lui faire perdre connaissance ou l'étourdir. Il veut qu'elle devienne un objet. Dans les cas n° 2 et 3, il les a frappées trop fort. La victime n° 2 était déjà morte lorsqu'il l'a déshabillée. La troisième victime était en train de mourir. Cela l'a déçu, voilà pourquoi il ne les a pas attachées.

Le *bondage* est très important pour lui : il lui donne un sentiment de puissance. Dans le premier cas, il a ligoté la victime survivante, avant de faire de même avec son amie, de la violer et de l'étrangler. Puis il a détaché la survivante pour la violer à son tour. Il l'a de nouveau attachée pour l'étrangler. Il n'avait pas du tout besoin de la ligoter une seconde fois, car il était suffisamment fort pour l'étrangler de ses mains. Voilà qui montre à quel point le *bondage* joue un rôle primordial.

Plusieurs facteurs entrent en ligne pour expliquer pourquoi certaines femmes sont bâillonnées et d'autres non, et il en est de même pour les liens des mains ou des pieds.

Si la victime est décédée, comme dans le cas n° 2, il est déçu. Il veut les tuer lui-même – il n'existe pas de pouvoir plus grand que de décider de la vie ou de la mort d'une personne. Il a l'impression de devenir Dieu. Même déçu, il éprouve un désir sexuel et la déshabille. Le corps est toujours chaud. Il l'installe dans une position agenouillée. Comme elle est déjà morte, il n'a aucun plaisir à la ligoter. Se contenter de l'*ukuzoma* n'est pas plus satisfaisant. Il opte pour un compromis en l'étranglant à mains nues, bien qu'elle soit déjà décédée.

Pour la troisième victime, il a également assené un coup trop violent. La jeune femme est en train d'agoniser. Il la déshabille rapidement. Il se rend compte qu'elle est sur le point de passer de vie à trépas et il n'a donc pas le temps de l'attacher. De nouveau, il se décide pour une solution intermédiaire en pratiquant l'*ukuzoma* pendant qu'il l'étrangle à mains nues.

S'il estime qu'une jeune femme est effrontée et insuffisamment soumise, il la bâillonne et la ligote. En conséquence, la résistance et la personnalité de la victime peuvent jouer un rôle dans le degré de *bondage*.

Son désir et le temps dont il dispose ont également leur importance. Les pulsions lui font presque atteindre l'orgasme lorsqu'il découpe des lanières dans les vêtements de ses victimes avec son couteau. S'il sent que l'orgasme arrive trop vite, il va s'abstenir d'attacher les pieds et les mains ou choisir un ligotage partiel pour ne pas perdre de temps. Cela joue aussi un rôle dans le nombre d'habits qu'il va retirer.

Le fantasme ultime consiste à obtenir une victime inconsciente, sans qu'elle décède. Il retire un certain nombre de vêtements, suivant l'urgence des pulsions sexuelles qui l'animent à cet instant. Il aime déboutonner une chemise ou une robe sur le devant et découper le soutien-gorge. Il positionne la femme face contre terre. Il s'assoit sur les fesses de la victime pendant qu'il découpe les lanières de tissu. Le désir sexuel atteint presque son apogée, devient quasiment insoutenable et l'anticipation est à son maximum. Il lie les mains dans le dos, se retourne et soulève les jambes pour les ligoter avec un nœud très serré. Les cuisses doivent se toucher pour l'exciter quand il va pénétrer la victime. Puis il laisse retomber les jambes et se retourne à nouveau. C'est avec le plus grand soin qu'il confectionne le bâillon, en utilisant les sous-vêtements et différents fragments de tissu. Il considère que c'est son chef-d'œuvre, une véritable œuvre d'art. La boule dans la bouche est pliée soigneusement. Ensuite, il entoure la bouche et le cou avec cette ligature. Il défait son pantalon et place son pénis entre les cuisses. Pendant qu'il l'étrangle, il la pénètre. L'expérience ultime consiste à éjaculer au moment même où elle exhale son dernier soupir.

Le tueur emporte probablement certains vêtements chez lui pour s'exercer à la confection du bâillon. Il se masturbe pendant ce temps-là. Il utilise aussi des habits d'une victime précédente pour la suivante. A tout moment, il se promène très certainement avec des lanières prédécoupées dans les poches : il aime les sentir car cela évoque les bons moments qu'il a vécus. Pour la même raison, il se balade avec son couteau dans la poche. Voilà pourquoi il garde les mains dans les poches lorsqu'il aborde des jeunes femmes. Il retourne peut-être sur les lieux de ses forfaits précédents afin de se masturber. Mais rien n'est moins sûr, car les victimes potentielles ne manquent pas. Il peut toujours en choisir une nouvelle, plutôt que de revoir une ancienne. Il lui suffit de tuer la suivante.

4.12 DÉSORDRE MENTAL

Le tueur est normal et ne souffre pas d'une maladie mentale. Les crimes sont trop organisés et trop bien planifiés pour être l'œuvre d'un individu déséquilibré. Il est sain d'esprit et sait fort bien qu'il commet des assassinats.

Cependant, il est en proie à un désordre de la personnalité, c'est un antisocial ou quelqu'un d'un narcissisme exacerbé.

Sources consultées

Archives du South African Police Service.
Dossiers des brigades criminelles de Durban, Pretoria, Johannesburg, Le Cap, Port Elizabeth, Secunda.
Lorraine Glanz : *Managing Crime in the New South Africa*, 1993.
Micki Pistorius : *Catch Me a Killer... Serial Murders : A Profiler's True Story*, 2000.
— *Strangers on the Street – Serial Homicide in South Africa* , 2002.
— « The Journey to Enlightenment » :
http://www.spiritweb.net/metaphysical/journeyenlightenment.htm
— « Le syndrome du garçon d'à côté chez les tueurs en série » :
http://monsite.wanadoo.fr/tueurenseriearticle/

Remerciements

Ambassade d'Afrique du Sud (Mr. Kenneth Pedro) ; South African Police Service ; Investigative Psychology Unit ; Durban Murder & Robbery Unit ; Port Elizabeth Murder & Robbery Unit ; Piet Retief Murder & Robbery Unit ; Secunda Murder & Robbery Unit ; Micki Pistorius ; Derick Norsworthy ; Craig Le Roux ; Paula Roeland ; Elmarie Myburgh ; Fanus Rautenbach ; Alan Alford ; Philip Veldhuizen ; K.J. Britz ; Isabelle Longuet ; Florent Grégoire ; Sandrine Dos Santos ; Centre international de sciences criminelles et pénales de Paris ; Jan Sithole.

TABLE

Cet ouvrage a été imprimé
par CPI Firmin Didot
Mesnil-sur-l'Estrée
pour le compte des Éditions Grasset
en mars 2011

Imprimé en France
Premier dépôt légal : novembre 2007
Nouveau tirage, dépôt légal : mars 2011
N° d'édition : 16636 – N° d'impression : 104469